宮崎正弘
Masahiro Miyazaki

「火薬庫」が連鎖爆発する断末魔の中国

ビジネス社

「火薬庫」が連鎖爆発する断末魔の中国——目次

プロローグ　100年続く戦争になる

第1章　貿易戦争は次の段階に突入した

第2章　テクノロジー争奪戦争

第3章 世界金融戦争はすでに始まっている

第4章 リアルウォーに備えはあるのか

第5章

香港デモで中国の「火薬庫」が爆発する

第6章

それでも中国のカネにすがる懲りない国々

第7章

中国の自滅で日本は覚醒するのか

エピローグ

日本は自律のベクトルで動け

プロローグ

100年続く戦争になる

誰が中国をここまでの大国にのしあげたのか？

40年前、鄧小平《とうしょうへい》の掛け声で始まった「改革開放」がようやく緒に就いたときの中国のGDPは台湾より少なかった。

日本には当時、妙な贖罪《しょくざい》意識があって、中国に対して猛烈な同情心が湧き、道路建設、小・中学校の建設と寄付、トラック寄贈、自転車の無料輸出など「至れり尽くせり」の貢献をなして、気がつけば中国は日本のGDPを凌《しの》いでいた。

それればかりか、恩をあだで返すように日本の安全に脅威を与える軍事大国となっていた。日本の善意による努力は水泡に帰した。

中国が経済を拡充させることは民主化に繋《つな》がるという西側の幻想はすっかり消え、最近の世論調査をみると、日本人には中国に好意を寄せる意見がほぼ消滅している。

中国は明らかに西側の「敵」となった。著名な投資家ジョージ・ソロスがダボス会議で言ったように「習近平《しゅうきんぺい》は西側にとってもっとも危険な敵」となったのだ。

それにしても誰がここまでの中国の台頭を許したのか？

日本のお人好し経済協力もさりながら、米国の勘違いによるところが大きい。

なにしろ米国は敵と味方を間違える天才なのである。第１次大戦後、日本を敵視し、蒋介石《しょうかいせき》に大規模な軍事援助を展開したフランクリン・ルーズベルト（ＦＤＲ）の戦略的誤断は取り返しがつかない愚行だった。中国共産党を結果的に権力の座に就かせたのは米国の戦略的誤謬《ごびゅう》である。コミンテルンの暗躍は補助的役割をなしたに過ぎない。

しかし１９７１年のニクソン訪中以後、むしろソ連との均衡を図るべきとして、経済的に中国を育てるというエンゲイジメント戦略に置き換わり、地政学的には「キッシンジャー的アジア秩序」の構築が西側の利益になると米国は深く錯覚した。この錯覚の二重奏が中国に付け入る余地を与えた。

欧米の考え方はバランス重視だった。しかしこれを狡知《こうち》に長《た》けた中国がむしろ利用して野心を隠し、韜光養晦《とうこうようかい》をつづけた。中国の狙《ねら》いは、いずれの日かアジアの覇権争奪にあった。いまや日本の固有の領土である尖閣諸島を公然と窺《うかが》い、自由主義国家＝台湾を掠《かす》め取ろうとする中国は、すでに南シナ海を「中国の海」に化《ばか》した。南シナ海の領海を盗まれても拱手傍観《きょうしゅぼうかん》せざるを得なくなったフィリピン、ベトナム、マレーシア、インドネシア、そしてブルネイは米国への信頼を希釈させてしまった。すでに中国のビルトインシステムに巻き込まれた東南アジア諸国連合（ＡＳＥＡＮ）、ついで南太平洋の島嶼《とうしょ》諸国は中国からの働きかけに動揺しつつも、中国的秩序のなかに入ろうとしているかに見える。とくに米国の軍事的同盟国のはずだったフィリピンは北京への急傾斜をみせている。

それでも、オバマ政権まで中国を甘やかし、いずれ民主化は経済繁栄に裏打ちされ、中国は変わるなどと幻影を追い求めて、経済の梃子《てこ》入れを続行した。日本の外務省にチャイナスクールが跋扈《ばっこ》したと同様にワシントンにはパンダハガーたちが対中外交をリードしたのがオバマ時代だった。

中国のやったことは正反対でノーベル平和賞の劉暁波《りゅうぎょうは》を獄死させ、民主派弁護士を一斉に拘束し、ネット社会をＡＩ監視で見張り、新疆《しんきょう》ウイグル自治区では人道を無視した弾圧を強化していた。それでも米国は中国人留学生に大甘の条件を認め、シリコンバレーはインド人より中国系がおびただしく徘徊《はいかい》し、技術とビジネスモデルを習得するや、中国へもどって起業した。

気がつけば西側が援助し奨学金を与えた中国人留学生の多くが技術を盗み出すスパイに早変わりし、ＢＡＴＨ（バイドゥ、アリババ、テンセント、ファーウェイ）やＺＴＥなどは米国のＧＡＦＡ（グーグル、アップル、フェイスブック、アマゾン）に迫る世界企業に成長していた。

中国へ技術ごと持ち帰った「海亀派」は、米国の大学で「起業」を学び、多くがグーグルやアップルで働きつつ、資金の作り方を習得して中国で「アメリカを真似ろ」を合言葉に起業した。アリババも百度《バイドゥ》もテンセントも、すべてのビジネスモデルは米国にあり、アメリカで試作あるいは実験段階のものを巧妙に盗み出すか、あるいは真似をして中国でまっさきにビジネスを展開した。

中国企業の「発明」に独創性は稀少である。イノベーションを生みやすい学習環境、学校の指導要綱には、自由な発想が希薄なゆえに中国が独自的創造をなして新しいビジネスモデルを確立して世界をリードして行くという近未来のシナリオは描きにくい。

であるとすれば次期テクノロジー争奪でトップにあった日本が無惨な状況を示すに至ったのは何故か？

中国に技術移転し、米国の怒りの尾を再び踏まないように、製造業を中国に移管しても、先頭に立たない努力を日本人がしてきたからだ。すなわち鉄鋼、電気製品などの対米輸出は、じつは「日本製」を中国工場で製造していたに過ぎない。それが中国経済離陸の原動力となったのだ。

ＳＯＮＹのウォークマン、東芝のラジカセ、ナカミチの音響製品など世界を風靡《ふうび》したことは遠い昔話になった。１９８０年代の日米貿易摩擦の結果、米国は日本の技術を叩きつぶし、競争力を削ぐために新世代の半導体技術を日本の頭越しに韓国と台湾に渡した。ニコン、キャノンの電子カメラ、京セラのセラミック技術などは中枢部品として生き延びたが、新世代スマホ、5G（第5世代移動通信システム）競争にすっかり取り残されて、欧米ベンチャーは日本の頭越しに中国へ投資した。

いま、米国に挑戦する存在となった中国に、手のひらを返して米国が敵対し始めても、間に合わない情勢となった。

それならどうするのか？

米国はいきなり5Gを超えて、6Gへと先乗りを果たす戦略に切り替えたと種々の事情から判断できる。ゲームチェンジである。というのも、ゲームのルールは米国が決めてきた。それだけの基礎的条件として米国は基本特許をほとんど抑えている。ファーウェイやZTEの持つ特許は周辺特許と地上局にまつわるものでしかない。

しかし世界の通信市場は、GAFAとBATHによって2分割されたまま、しばし移行するだろう。日本はこの狭間《はざま》に立って次にいかなる戦略に打って出るのか？

米中戦争で金融危機、次世代技術争奪へ

米中貿易戦争の第1段階は報復関税の掛け合い合戦だった。

輸出が頭打ちになりお互いに産業競争力を弱める。実際に米国では農業州ならびにアップルなどが悲鳴を上げた。中国の大後退については言及の必要もないだろう。高度成長がガタッと止まり、国内総生産（ＧＤＰ）は未曾有の落ち込みとなった。とくに香港問題以降は、株式も人民元も下落し、不動産がいよいよ暴落気配だ。

しかし米国は「経済成長よりも国家安全保障を最優先させる」と不退転の決意で臨んでおり、中国はメンツにかけても「最後までおつきあいする」と開き直っている。

したがって米中対決は長引く。おそらく30年、いや半世紀から１００年は続くだろう。

日本ではまだ誤解している向きが多いが、米中貿易戦争の発動はトランプ大統領の個人プレイではない。最初に連邦議会が法案を議論して制定し、大統領にこれを迅速に実行せよと迫り、メディア（トランプ批判のＮＹタイムズもＣＮＮも）はこぞって支援する。ということは対中冷戦は与野党を問わず超党派の合意であり、米国の総意なのである。

直近の世論調査でも、ピュー・リサーチ・センター（8月13日発表）の結果は、「中国に好意的ではない米国人」が昨年（18年）の47％から60％に上昇している。

短時日裡に収まる可能性は少なく、げんに第2段階の為替戦争が２０１９年8月６日から始まっている。人民元は1ドル＝7元レートを割り込んだからには、いずれ1ドル＝9・6元まで下落を続けるだろう。

米国が発動した国防権限法（NDAA）、ならびに付随した諸法律により中国の経済、金融、そして軍事力の拡大阻止という「総合戦」に移行し、メディアは「米中冷戦」と書いた。

ペンス副大統領の演説（2018年10月4日）はまさに米中冷戦に突入した状況を意味し、スパイ防止のため中国による企業買収を阻止し、留学生のビザを規制し、孔子学院の幾つかを閉鎖し、次世代ハイテクの流出を防衛する一方、市場から中国の通信企業を排斥し、「中国製造2025」戦略を遅らせるか、破産に導く。

この米国路線に共鳴し強く賛同したのはオーストラリア（豪）、半信半疑ながら追随の様相を示すのがファイブアイズ（5EYES）の残りのメンバー、すなわち英国、カナダ、ニュージーランド（NZ）、懐疑的なのが独仏などEU諸国という構図である。日本の対応は米国に同調的であり、最近は強硬姿勢をみせるようになった。

日本政府は8月2日の閣議決定で韓国を「ホワイト国」待遇から外した。中国はもとよりホワイト国ではない。それればかりか、経済産業省は国家安全保障の観点から外国資本の日本企業買収も規制する。名指しは避けているが、対象はずばり中国である。

どこの国でも常識的な原則があり、国家安全保障の観点から、国防技術を保有する企業の外国企業への身売りは拒否する。米クアルコムはブロードコムからの買収提案を拒否した。「普通の国」なら当然の経済主権行為だ。ブロードコムはシンガポールの会社だったが、買収審査を前にして米国籍に移管した。それでも背後にちらついた中国の存在を米国の外国投資審査委員会（ＵＳＦＩＣ）は問題視したのだ。

かねてから日本にも同様な法的根拠の必要性が議論されたが、スパイ防止法もない国では、なかなか規制強化は難しかった。政治家の決断が希薄だった。というより国際情勢に適確に対応できる政治家と官僚が永田町にも霞が関にも少な過ぎるのである。

韓国は生物化学兵器に転用可能な化学物質をイランや北朝鮮にしゃあしゃあと輸出してきた。ようやくそれがばれて日本の厳しい規制となったのだ。まともな判断ができない韓国の文在寅《ムンジェイン》政権は、論理的に証拠をあげて反省するのならともかく短絡的に「日本が悪い」と問題のすり替えに左翼団体を動員して日貨排斥運動を行う始末だった。そのうえで軍事情報包括保護協定（ＧＳＯＭＩＡ）の破棄への暴走。

これまでの日本の対応のまずさは枚挙に暇がないが、高度な液晶技術を持つシャープは中国資本（台湾企業を偽装）に買収された。半導体の東芝メモリーやルネサス、ＪＤＩも外国資本、とりわけ敵対国のカネが動き、危機にさらされてきた。ようやく日本の経産省は国家安全保障にかかわるハイテクを保有する日本企業の海外勢の買収を規制する。

半導体装置メーカーのＫＯＫＵＳＡＩ（旧日立機械）に買収をかけているアメリカの例

はそれならどうなるのかと言えば、同盟国は「ホワイト国」ゆえに規制の対象とはならない。トランプ政権はドル基軸体制に依存する中国の金融システムを麻痺《まひ》させ、同時に商務省作成のエンティティ・リスト（ＥＬ）が象徴するファーウェイなどの締め出しを強化している。

トランプの対中関税第４弾は消費財にもとりあえず10％、９月１日からは25％とする。全米の小売り、デパート、大型スーパーも株価に悪影響が出たが、日本市場でも「良品計画」「イオン」「ユニチャーム」が、４月以来の第２四半期で下落を演じていた。

ところが第４次関税に関しては８月13日になって、トランプはスマホ、パソコン、玩具などが含まれていることへの配慮から適用を12月15日からに延期した。一時的なことにせよ、長期的にみれば、米中対決は貿易戦争から技術覇権争奪戦へ、そして金融戦争へ拡大した。トランプ政権は中国の次世代技術覇権を握らせないと固い決意のもと、さらに強硬な策に出る。

米中関係は後戻りのできない冷戦に入った。それがこれからの日本経済にいかなる影響を与えるか、この小冊を通じて多角的に考察してみたい。

第1章

貿易戦争は次の段階に突入した

旗幟を鮮明にせよ

「われ汝の行為を知る
　汝は冷ややかにも非ず、熱きにも非ず
　われはむしろ汝が冷ややかならんか、
　　熱からんかを願う」（『黙示録』）

中国のバブル崩壊は時間の問題だが、いよいよ銀行倒産が始まった。しかも年内に中国企業のドル建て社債の２兆ドル強の償還時期が重なる。邦貨換算で２１０兆円もの借金に最低でも２％のチャイナプレミアムが上乗せされており、不動産関連には18％の高利社債もあるが、軒並みジャンプ（書き換えで利子はさらに上乗せ）となり、加えて人民元安とはドル高であって返済額が増える。借金地獄が待っている。

２０１９年5月24日、内蒙古《ないもうこ》省が拠点の「包商銀行」を中国は国家管理にするため89％の株式を取得、突如、国有化した。金融パニック誘発前の予防措置である。

具体的には中国銀行保険監督管理委員会（ＣＢＩＲＣ）が「公的管理」し、元本の30％

削減という措置をとった。心理恐慌の拡大を懸念した中央銀行（中国人民銀行）は６月２日になって「これは単独の案件であり、金融不安は何もない」と発表した。すると投資家の不安はかえって拡がった。

包商銀行は不動産バブル、株投機の裏金処理、インサイダー取引のＡＴＭだった。当該銀行を倒産させないで、救済したのはリーマンショックの前兆に酷似してきたと金融界が認識することを怖れたからだ（２００８年リーマンショックの前年、米国はベアスターンズを救済したためモラルハザードが起きた）。包商銀行の救済は中国にもモラルハザードをもたらしたが、次の大型倒産は秒読みだろう。こう書いているうちに錦州銀行が、続いて恒豊銀行が救済される事態となった。

ノンバンク系やｐ２ｐ（ネット間の貸し借り。20兆円の損害）はあらかたが倒産し、西側銀行筋は中国の債務膨張とその爆発を、可能性の問題ではなく、いつ起こるかと観察している。

地方の信用組合レベルの金融機関は倒産が続き、７月には遼寧省《りょうねい》の「錦州銀行」が管理下に置かれた。錦州銀行は有力な地域バンクである。中国にはおよそ４０００の銀行、地方銀行、信用組合があるが、このうち４２０の金融機関がリスクを抱えている。

この稿を書いているとき、高島屋が上海から撤退するというニュース（９月、一転して再開の報道あり）に接し、「えっ。まだ中国に残留していたの？」というのが筆者の実直な感想だった。

もともと高島屋は周回遅れの中国進出であり、しかも上海のビジネスセンターが浦東へ移動している時期に旧来的な、日本で言えば錦糸町のような虹橋地区に出店したという判断ミスがあり、一貫して赤字を出し続けた。最新の消費ファッションを持ち込めなかった。中国において小売りのシステムや、買い物の形態が激変し、上海っ子というのは、世界でも一番敏感な消費動向を示す。ファッションの原点も広州より上海に移動している状況に対応できず、伊勢丹ですらリーマンショック直後の２００８年師走には撤退していた。

フランスのカルフールとて中国に最初にスーパーマーケット文化を持ち込んで隆盛を極めたが、中国人の消費動向、その流行の速度、意識の変化に追いつけず、イトーヨーカ堂にも往年の集客力がなく、米国のウォルマートも撤退の方向にある。アリババの通信販売の飛躍という事実もあるが、日米欧の小売り業界は、すっかり中国から撤退の態勢だ。

ファーウェイ排撃は本物だ

２０１４年頃から米国は連邦政府職員、軍人のファーウェイのスマホ使用を禁じ、トランプ政権になってからファーウェイの全面禁止が検討され、まずは地上局の入札から排除された。

海底ケーブルの敷設《ふせつ》にしても、西側諸国はファーウェイのプロジェクトを受け入れないよう米国から要請されている。だが南シナ海からマラッカ海峡を越え、インド洋からホルムズ海峡、紅海にいたるルートは中国が海底ケーブルを西側のそれと併行して敷設し終え、ファーウェイの通信圏に組み込んでいる。

２０１８年12月１日、ファーウェイＣＦＯの孟晩舟《もうばんしゅう》がカナダで拘束された。孟晩舟は創業者任正非《じんせいひ》の娘で、同社の機密を知る立場にある。同日、サンフランシスコで「中国物理学の神童」と言われた張首晟《ちょうしゅせい》教授が自殺した。張教授はシリコンバレーに怪しげな財団を設立し優秀なエンジニアをスカウトしていたため、連邦捜査局（ＦＢＩ）が内偵を続けていた。

２０１９年に入ると米国はファーウェイを「スパイ機関」と認定した。そのうえで米国内の部品メーカーに至るまでファーウェイ部品を使わないよう通達が及んだ。

5月、トランプは「非常事態」を宣言し、国防権限法によりファーウェイの米国市場からの駆逐を決め、同盟国に呼びかけた。英・豪・加に続いて日本も追随し、携帯電話各社はファーウェイ新機種の予約受付を中止、もしくは延期するに至った。

市場でファーウェイのスマホの値崩れが起こり、中古スマホは大暴落、オペレーティングシステム（OS）のグレードアップをしたら使えなくなったなどの苦情が殺到した。同社のスマホ、世界で2億台を突破している。中国市場で優に5割のシェア。しかしOSはグーグルのアンドロイドなのだ。マイクロソフトと同様に、OSそのものは公開されているが、数々のアプリはアンドロイドが基礎になる。

OS「アンドロイド」が使えなくなる不安でユーザーは顔面を引きつらせた。げんにフェイスブック、インスタグラムなどはファーウェイのスマホへのアプリ事前搭載をやめた。フラッシュ・メモリーの大手「ウェスタンデジタル」も時期は明示しないもののファーウェイとの「戦略的関係」をやめると発表し、フォックスコン（鴻海精密工業）は生産ラインの一部を停止し、かつ主力工場の1つを台湾に移転するとした。

インテルがZTE（中興通訊）への半導体供給をやめたように、米国が同社への供給を中断すれば、次に何が起きるかは目に見えている。

ファーウェイの部品供給チェーンは中国国内での生産が25社、米国が33社、日本が11社、そして台湾が10社。他にドイツ、韓国、香港のメーカーがファーウェイに部品を供給してきた。まさに国際的サプライチェーンが構築され、がんじがらめの関係が出来上がっていたのだ。

このチェーンを一気に崩すことは不可能であり、今後、アメリカは紆余《うよ》曲折を辿《たど》りながら、おそらく5年をかけて米国勢はほとんどの工場、設備、R＆D（研究開発）ラボなどを本国、もしくは米国の同盟国へ戻すだろう。日本は中国とのビジネス関係の根幹が揺らぐ事態を迎えるだろう。

香港の北に隣接する深圳《しんせん》が中国ハイテクの本丸である。

港湾も空港も複数あって、グローバルアクセスの要衝となった。１９７５年頃だったか筆者は初めて深圳とその周辺を取材した経験がある。貧しい漁村で当時の人口は僅か３万人、リヤカーを引く屋台が商店街で、冷蔵庫はなく、ビールも西瓜も冷えておらず、肉は天日の下で売っていた。

爾来《じらい》、半世紀を経て、なんという激甚な変貌《へんぼう》であろうか。深圳の人口、いまや１３００万人。ハイテクパーク、科技大道、加えて付近には衛星都市の中山、仏山、東莞、厚街などを抱える。ＺＴＥも、テンセントも、本社はここである。ファーウェイ本社は深圳西海岸の悦海地区にあって本社従業員が８万人。このうち３０００人がＲ＆Ｄ（研究開発）に携わっている。

ファーウェイは内外ジャーナリストを招集して記者会見を開き、「独自ＯＳ（鴻蒙）のスマホをすぐにも販売開始できる」と胸を張った。しかし発売は遅れている。

トランプは一貫性がないという欠陥

２０１９年７月初旬に駐米英国大使のダロックが、トランプ米大統領を「無能」呼ばわりしていたと英紙「メール・オン・サンディ」が伝えた。

トランプ大統領が「無能」ゆえに米国政権に懸念を抱いたと実直に正直に語ったのだ。外から見ていると、たとえば米朝会談でも途中で席を立ったり、また金正恩《キムジョンウン》と仲直りの演出をしてみたり、トランプは外交が不安定で一貫性がない。重要な北大西洋条約機構（ＮＡＴＯ）のドイツとは仲違い。フランス大統領とはもっと悪い。肝要な英米関係に緊張をもたらすと深い憂慮と懸念を表明した英大使は「トランプはときに実務的、ときに普通であり、ときに不器用、外交的に無能になり、不安がある」と指摘した。この分析、まさに正鵠《せいこく》を得ていないか。
「トランプ政権は不名誉なかたちで終わる可能性がある」という。
あたかも安国寺恵瓊《えけい》が信長の不安定、無能、高飛車、ときに実務的になる不安定さをみぬき「信長は高転《たかころ》びに転ぶ」と予言したような、不気味さに満ちたダロック駐米英国大使の発言は、外交モラルを欠いたとして責任を取らされ辞任した。

もっとも英国政治はバラバラ、ＢＲＥＸＩＴをめぐって国内議論は２分化し、積極的離脱派で暴言癖があるボリス・ジョンソンが首相に就くや、米英関係は良好さを恢復《かいふく》したかに見えるが、ジョンソン政権はおそらく短命に終わる。その先はまだ見通せない。

２０１９年６月29日、大阪で開催された金融・世界経済に関する首脳会合（Ｇ20）の機会を利用しての米中首脳会談において「話し合いの再開」が確認されたが、とくにトランプと習近平との間には合意点はなかった。つまり米中貿易戦争になんらの進展はなかった。

ただしトランプ大統領は猶予期間を再度、提案し、中国の譲歩を待つとして、２つの重要発言をしている。
第１は「ファーウェイとの汎用品に関しての取引続行を容認する」としたこと。

第２に対中追加関税を当面は課さないとしたことである。

これらの措置に怒りを表明したのは共和党の主流派で、とくにマリオ・ルビオ上院議員らである。彼らの言い分は「アップルや、グーグルやフェイスブックはこれまでの中国に協力的であり、最高経営責任者（ＣＥＯ）たちの頭のなかはネオ・マルクス主義に染まった国境破壊のアンチ米国派であり、そのうえ米国に納税していない。彼らをこれ以上裨益《ひえき》させることは中国を裨益させかねないではないか」とするものだった。

案の定、８月に至っても中国側の改善は見られず、残り３０００億ドル分の中国からの輸入品に対して当面は１０％の関税をかけると方針を変えた。気まぐれ、移り気、それとも中国の誠意がまったく感じられなかったからなのか。しかしホワイトハウスの舞台裏では第４次報復関税発動に、閣内の多くが反対した（「ウォールストリート・ジャーナル」２０１９年８月３日）。なぜなら、甚大な被害はむしろ米国の通信メーカーに及ぶからだ。

じつは第１弾の報復関税から第３次にいたるまでスマホ、パソコンだけは巧妙に対象から外されていた。直接、被害が及ぶのは中国で組み立てているスマホの王者・アップルになるからである。ヒューレット・パッカード（ＨＰ）やデルのパソコンも、米国内では生産していない。

ファーウェイのスマホは、インテルなどの半導体供給がなければ製造できないが、逆に中国で生産してきたアップルのスマホ完成品は「中国製」と見なされ、対米輸出に対して課税される。売れ行きが急減する。

ことほど左様にアップルはどっぷりと中国依存の構造となっている。いや同社のみならずGAFAMと言われる大手5社（グーグル、アマゾン、フェイスブック、アップル、マイクロソフト）は政治イデオロギーや体制を無視して、猛然と中国市場にのめり込んできたし、これからもトランプ政権の意向など無視して巧妙に進出を続けるだろう。なぜならシリコンバレーの人々は90％が民主党支持であり、多国籍として米国に納税しないGAFAMの幹部連中は多くがネオ・マルキストである。この点ではクリント・イーストウッドとシュワちゃんを除いてハリウッドスターがことごとく民主党支持であるように。

ファーウェイは4Gを前提として5Gの開発を進めており、4Gの大半の特許はクアルコムが持つ。OS「アンドロイド」はグーグルである。

トランプ大統領の規制強化によって米国からの技術供与が停まったためファーウェイは独自のOS（鴻蒙）の開発発表をしたもののすぐに記者会見をやり直し、5G新型機の発売を延期せざるを得なくなった。

一方、インテルも半導体輸出に暗雲が射し込み、主力工場をイスラエルに移管するとした。販売急減は避けられない情勢となった。

ファーウェイのサプライチェーンは中国の国内メーカー（大半が米国との合弁）、米国、日本、韓国、台湾のメーカーなど数十社が関与していることは見てきた。すなわち米国とてファーウェイのスマホ、基地局への部品供給が売り上げの相当額を占めていた。米国も中国のサプライチェーンの重要な一角にあったのである。

トランプはすでに構築されたサプライチェーンを一気に破壊してまでもファーウェイの排斥を狙っていたとは考えられず、この点では周囲のナバロ通商産業政策局長やライトハイザーUSTR代表らの助言に従った。

2018年度のファーウェイの部品購入金額は7兆5000億円という途方もない巨額（なにしろ日本の防衛費の1・5倍！）。このうちの2兆2500億円分は米国のインテル、ブロードコム、マイクロテクノロジーなどが出荷していたのである。

それゆえにブロードコム、インテルなどは「取引停止などとんでもない、販売禁止措置を緩和せよ」と米国企業幹部らがトランプ政権に求めていた。トランプはシリコンバレーに陣取るこれらIT企業に当初冷たく当たってきた。彼らの大半が反・共和党だからだったが、国益を前にそんなことを言い合っている場合ではない。

トランプのアキレス腱《けん》も同時に露呈した。

中国が報復関税をかけたためにインディアナ、オハイオ、アイダホ州などの農作物、とりわけ大豆などの生産農家が悲鳴を上げた。

これらの地域こそはトランプを支える大票田であり、いつまでも報復関税を放任しておいては２０２０年秋に迫った大統領選挙に悪影響が出る。だからトランプは「ファーウェイとの取引続行」を容認し第４次対中追加関税の完全実施を12月まで猶予したのだった。

7月22日にトランプ大統領はグーグルなどＩＴ大手の幹部らとまたも会合を持ち、ファーウェイとビジネス再開の要請に「適時に決断する」とした。この会合にはグーグルのほかにシスコ・システムズ、インテル、ブロードコム、クアルコム、マイクロン・テクノロジー、ウェスタンデジタルのＣＥＯが出席した。また政権側からはクドロー米国家経済会議（ＮＥＣ）委員長、ムニューシン財務長官も同席した。

商務省のＥＬによって「安全保障上の懸念」ありとしてファーウェイに事実上の禁輸措置を発動していたが、汎用目的の部品供給再開は認めた。トランプ大統領は残りの３００0億ドル分の中国からの製品にも関税をかけるとし、9月1日から発動と発表したばかりだった。

予想外のトランプの行動と、その強気の展開に株式市場は下落で応じた。

ライトハイザーUSTR代表らが加わった米中交渉は、にこにこと談笑する雰囲気でありながら、結局なにもまとまらず、トランプ大統領は「(中国が約束した)農産物の輸入拡大に何らの努力の跡も見られないではないか」(事実上、中国の対米農作物を輸入停止として選挙が不利になるゾとトランプに無言の脅しをかけていた)と怒りを表し、報復関税の追加実施となったのだ。

こう見てくると関税戦争から、為替戦争、金融戦争と同時にハイテク争奪戦の幕開けとなって、気がつけば相互依存体制のアキレス腱が露呈し、トランプ政権が意図した全面禁止や中国に対する「新ココム」の完全実施はまだ当面は無理という実態も浮上した。

そうはいうものの米中戦争は始まったばかりであり、次に控える技術ヘゲモニー戦争、そして年内には本格化すると予測される金融戦争が待ち受けている。

貿易戦争はお互いの疲労も激しい

貿易戦争に関して言えば、トランプの本心は早いうちに幕引きをしたいのである。

ところが歴史の悠久性を一方的に誇る中国は、説明しがたい威厳、中華思想という病的なメンツにこだわり、米国は農家もメーカーも苦杯が続く。

６月、大阪のＧ20直前にトランプは「大阪のＧ20で、習近平が首脳会談に応じなければ第４次制裁関税をすぐに発表するだろう」とさかんにツイートしていた。

畏怖《いふ》と威嚇で相手から譲歩を引き出すディール。トランプ大統領一流の駆け引きだった。そう言えばトランプが若き日に世に問うたベストセラーは『駆け引きの芸術』（「ＴＨＥ　ＡＲＴ　ＯＦ　ＤＥＡＬＳ」）という題名だ。いまも筆者の手元にある。

トランプはまたボクシング、レスリングが大好きで、相撲も格闘技として捉えているから５月訪日の折、わざわざ大相撲千秋楽の国技館に足を運び、鋭い質問を連続させた。あのゲーム感覚、あのスピード感、まるでトランプの貿易交渉に戦術として露呈している。

米国からの対中輸出は29・６％減少、ところが中国は８・４％減らしただけ、駆け込み輸出が主因だが、生産、流通、そして消費が、米国市場とて中国にしっかりとビルトインされている実態が改めて浮かんだ。

なにしろトランプの標語「ＭＡＫＥ　ＡＭＥＲＩＣＡ　ＧＲＥＡＴ　ＡＧＡＩＮ」の帽子もシャツも国旗も中国で作られている。日本とてアパレルに関しては91％を輸入に頼っており、国内アパレル産業は壊滅同然となっている。

中国での顕著な悪影響は消費者物価が２・７％値上がり、とくに豚肉は18・２％、生鮮果物は26・７％、たとえばニンニクの中国における小売価格は45～50ドルから55～60ドルに値上げになった。

漁夫の利を得たのは欧州とベトナム、そしてカンボジアだった。とくにベトナムは中国企業が夥《おびただ》しく移管して「ベトナム製」として対米輸出するため対米輸出が急伸し、あまつさえＭＡＤＥ　ＩＮ　ＣＨＩＮＡのラベルをＭＡＤＥ　ＩＮ　ＶＩＥＴＮＡＭと貼り替えて対米輸出を増やした。しかし米国の偵察衛星は、宇宙からこの不正行為を見ている。船舶輸送は保険などの関係から、どのルートで、何がどこで積み替えられたかなど宇宙の偵察衛星が追跡している。

すでにベトナムからの鉄鋼輸入に対しては「ダンピング」として、４００％の報復関税を適用している。ハノイ、ダナン、ホーチミン経由の中国製品の誤魔化し状況も掌握していて、ベトナムに警告しており、『南華早報』に拠れば「ベトナム製品」にも近く高関税を適用するという。

かくして世界貿易構造に地殻変動にたぐいする大変化が起きた。

米国の有権者の多くは劇的な変化を十分に認識しながらも、景気は良く、失業率が低く、国内世論はトランプの対中強行策を支援しているため現在の政策続行はやむを得ないと判断している。

皮肉なのはトランプ再選の強固な支持基盤であるオハイオ、アイダホ、インディアナ、アラバマなどの農業州で、対中輸出が急減し悪影響が著しく出たことだった。とくに大豆輸出は4分の1にまで減少、そのうえ異常気象による洪水が重なり、これはトランプへの批判票となって、共和党の固い地盤である農業州で、あろうことかバイデン支持がトランプを上回った。この時点でバイデン（元副大統領。民主党の大統領予備選レースのトップだった）はトランプ陣営の脅威となった。

トランプは農家補助金の予算化を約束し、18年、19年度でなんと280億ドル（3兆円）を援助する。にもかかわらず連邦議会が中国制裁の法律を作ってトランプにはやく実行せよと迫り、メディアも議会に輪をかけて中国に強硬である。個別産業別に見れば不利な点が露出する。まして大統領選挙が近付けば、選挙対策がどうしても視野に入る。

そのうえトランプ政権の内部はケリー首席補佐官が去り、戦略家のバノン去り、ティラーソン国務、マティス国防長官が去り、閣内不統一の様相である。通商政策は強硬派のナバロとライトハイザーが主導し、ロス商務長官ら穏健派は声をあげず、安全保障政策はボルトンの一人舞台に近い。

ニクソンはキッシンジャーと頻繁に打ち合わせをして外交を展開したが、トランプになってから安全保障会議が開催されていない気配が濃厚である。キッチン・キャビネットを仕切るのはイバンカ夫妻である。

他方、中国へ進出して大規模な投資を続けてきたアップル、デル、そしてGMなどは中国国内で急激な売り上げ不振に見舞われ、大量のレイオフを出している。これら米国勢も中国市場で立場が露骨に不利となった。したがって貿易戦争における高関税合戦は、米国も中国もはやめに手を打ちたいのである。しかし選挙の心配のない習近平にとっては、メンツを保持することがもっとも重要で「譲歩」の印象を避けたい。中華思想というのは外国に頭を下げることはない。もし譲歩の印象を持たれたら習近平は北戴河《ほくたいが》会議で長老たちのつるし上げに遭遇するだろう。だから長期化するのである。

貿易戦争より米国が重視するのは次世代ハイテクの覇権である。

すでに序盤戦において、米国はファーウェイ、ZTE、チャイナモバイルに引き続き、顔面識別のカメラメーカー2社、ドローンのメーカーなどの米国上陸を阻止した。

トランプ政権は貿易戦争で徒らな譲歩を拒み、中国経済の衰退を時間をかけて攻めながら、技術の流失を防ぎ、中国経済のパワーを弱め、これまでのパワーを集中させて新しい政策発動へ向かう方向にある。

とはいうものの米中間が熱い戦争に至る可能性はきわめて低い。

戦前、フランクリン・ルーズベルト（ＦＤＲ）は対日戦争を準備するために、移民法改悪、対日悪宣伝キャンペーン開始、ＡＢＣＤ包囲ライン、日系人強制収容、ハルノートと徐々に日本をして戦争を仕掛けるように謀りごとをめぐらせて、パールハーバーを待った。直前には中国奥地にフライングタイガー基地を志願兵と偽って準備し、日支事変では事実上の対日参戦をしていた。

米中戦争がこのパターン通りに繰り返すことはないだろう。だが、１つの歴史教訓として見直せば、中国人移民規制、中国の悪宣伝キャンペーンは開始されており、技術移転封鎖、関税戦争は一種のＡＢＣＤ包囲ライン、ペンス副大統領演説はハルノートと言えなくはない。

中国は「戦争も辞さない。最後までおつきあいする」と威勢の良いタンカを切ってはいるが、それは常套句《じょうとうく》というより日常の挨拶《あいさつ》程度の台詞であって、ならば現実はと言えば、兵站《へいたん》準備はまるで出来ていない。

口では台湾に強硬姿勢を示すものの事実上の戦争準備態勢にはない。むしろ台湾企業が中国から撤退して行くのを拱手傍観している。

次の次は6G戦争なのだ

中国が轟然《ごうぜん》と言い放った「中国製造2025」はトランプ政権に警戒ランプを灯らせた。だから習近平は3月の全人代では「中国製造2025」に一言も触れなかった。ドイツは「インダストリー4・0」を推進すると宣言し、日本政府は「ソサイエティ5・0」である。

ならば米国は？　5G開発で中国に1歩か2歩の後れを取ったと焦燥感に苛立ちながらも実態を客観的に認識した米国はいきなり「6G」に挑戦するのではないか。

スマホのユーザーの立場から言えば、4Gの現状で一般にはほとんどの用は足りる。じっさい、筆者や周辺の友人たちも口を揃えるのは「5Gって、必要か。いまの4Gでも十分すぎるのに」。

5Gになってもスマホのユーザーが取り立てて必要とする飛躍的利便性はない。5Gとは煎《せん》じ詰めれば通信規格であり、ならば米国は「次の次の通信規格」＝「6G」を先に開発すれば良いのである。

ゲームのルールを決めてきたのが米国のマイクロソフトであり、グーグルであり、アマゾンだった。

また米国がゲームチェンジを行うのだ。

この危機意識の根幹にあるのは、安全保障上の脅威であり、防衛を他国に任せている日本人には同じ感覚をもっての認識が異なるのも当然である。

日本のメディアは米中冷戦を「５Ｇ覇権争い」という視点で捉えているが、「米中は『通信技術』のために争っているのではない。これは『諜報インフラ』をめぐる『グローバルな政治実質支配の覇権争い』なのだ。近い将来、中国製５Ｇ基地局によって世界が中国共産党に実質支配されるインフラが完成するかどうかという瀬戸際にある」（深田萌絵『「５Ｇ革命」の真実』、ワック）。

５Ｇが必要なのは監視体制の強化、あらゆる個人データを管轄し統御する中国が必要としている技術であり、一般的商業レベルや工業用技術レベルではそれほど必要な技術とは言えないのである。

中国がもっぱら開発を絞り込んでいるのが５Ｇのなかでも「基地局」であり、これがデータを集め、識別、解析、予測するキイとなる。

そのうえ中国は海底ケーブル網の構築にも力を注いでいる。「５Ｇは移動体通信の規格なのでターゲットは移動体（モバイル）になるのだが、スマホユーザーにとって、大容量のデータを一瞬でインターネットにアップロードする需要がそれほどあるとは考えにくい。ここに裏の需要が存在する」とする深田前掲書は続ける。その隠された中国の目的とは？「ありとあらゆるデバイス、コンピューターが持つデータを数秒で全て抜き取りたいという『個人情報を吸い上げるインフラを提供して欲しい側』のニーズだ」（深田前掲書）。

英国がなした、中枢を除いてのファーウェイの5G採用という決定は、英米同盟を裏切ったことを意味するが、物理的な状況から言えば、ファーウェイは英国に天文学的投資をしており、それ故、英国のインテリジェンスにおける対応と言えば、ＭＩ６の元幹部がファーウェイに深く関与していた経過がある。つまり英国はファーウェイの情報を内部に入って、もぎ取ろうとしていたのだ。

また世界の半導体設計の80％を占める「ＡＲＭ」社は英国企業とはいえ、すでに孫正義が2兆円強で買収している。その孫正義は中国アリババの筆頭株主である。孫ははたして日本の国益のためにビジネスを展開しているのかという疑問が並ぶ。複雑怪奇、まるで次世代テクノロジー戦争は伏魔殿である。

とはいえ孫正義はいまや世界のビジネス・ゲームのプレイヤーだ。トランプ大統領とも数回会って、未曾有の投資をアメリカに行うと宣言し、フォックスコンの米国工場鍬入《くわい》れ式には郭台銘《かくたいめい》ＣＥＯ（当時）と一緒に出席した。その式典にはトランプ大統領がわざわざ飛んできた。

２０００年、孫正義は海のものとも山のものともつかなかったアリババ、英語教師に過ぎないジャック・マー（馬雲）に２０００万ドルの投資を決断した。やがてアリババはＮＹ市場に上場を果たし、孫のキャピタルゲインは５００億ドル。「東洋のバフェット」と称賛された。

孫は「ヴィジョン1」というファンドを立ち上げ、サウジアラビアばかりか、アップル、マイクロソフト、スタンダード&チャータード銀行からも出資を募り、「次の10年、20年を見据えてユニコーンに投資する」とした。げんに孫の投資先は米英のみか、インド、インドネシア、韓国、中国のベンチャー企業育成を目指し、７月に孫正義はインドネシアに飛んで「トコペディア」に10億ドルの投資を決めた。

ユニコーンとは未上場の有力企業の意味である。早くから立ち上げ資金を投入し、上場時には巨額の差益が転がり込むファンドを、孫は世界の投資ファンドからカネを集めて集中するのだ。いったい、彼の本業とは何か。日本の拠点はたしかにソフトバンクだが、この企業はコミュニケーション企業ではなく、ベンチャー・キャピタルといえるかも知れない。

２０１７年にファンドを第２次「ヴィジョンファンド」として、１０００億ドル。「次の３００年を見つめて投資する」とした。この企業は中国主導のＡＩＩＢ（アジア・インフラ投資銀行）の資本金より多い。

しかるに孫正義は日本において巨額投資を実行しないのは何故か？

日本人なら当然いぶかしいと考えるだろう。だが、孫は明快に答えるのだ。

「日本の政策ではユニコーンが育たない。そのうえ日本はいまやＡＩ途上国でしかない」

「だからヴィジョンファンドは、日本では機能しないからだ」


４月のホワイトハウスの会合でトランプは初めて「６Ｇ戦略」に触れた。

当面の中国主導の５Ｇ潰《つぶ》しに、「５Ｇ通信の高周波は、人体の健康に悪影響」というキャンペーンを始めた。

環境保護とか異常気象に敏感な左翼やリベラル団体はこの呼びかけには応じざるを得ないだろう。

ベルギーは「市民はモルモットではない」としてファーウェイの５Ｇ不採用を決めた。

だが、独英仏などは５Ｇ特許の５割を占めているため、米国のキャンペーンは時間稼ぎにはなっても決定的な効果をもたらすか、どうかは不透明である。

なぜならすでに欧州で60％の国々がファーウェイの5Gの採用を決めるという動かし難い現実があり、欧州市場でノキアとエリクソンを市場で凌いでいた。

ファーウェイのスマホ、基地局などのビジネスで欧州ならびに中東で298億ドルを稼ぎ出した。

要諦《ようてい》はこうである。技術の善し悪しで勝敗は決まらない、最後は政治力である。日本は半導体開発から5G開発で、お呼びではない状態となり半導体業界はみごとに米国に潰された。

日本は卓越した技術力ではなくワシントンの政治力に敗退したのだ。

韓国経済の屋台骨、半導体メーカーの悲鳴が聞こえる

米中貿易戦争の荒波をもろにかぶって中国の附録として発展を遂げてきた韓国は経済危機に直面した。

「産経新聞」（2019年6月30日）のスクープだった。翌7月1日、「日本経済新聞」が後追いした。

「徴用工問題で日本企業に賠償を求め、在韓日本企業の財産を差し押さえる等、あまりに理不尽な韓国」。猛省を求めるため、日本政府は珍しく本気の制裁を加えた。

韓国経済の死命を制する半導体の重要部品、部材の韓国向け輸出を制限し、また韓国からの輸入魚介類への検査強化である。「ホワイトリスト」から韓国を外した措置も、遅きに失したといえ順当である。

韓国企業とて2017年を契機に中国から撤退を開始し、ベトナムに集中的に工場を移管している。

最初の動きはロッテだった。2017年に所有ゴルフ場跡地をTHAADミサイル配備のために売却すると、中国はロッテデパートなどで不買運動、営業許可取り消しなどの嫌がらせを続けた。

韓国のみならず日米欧の企業の相次ぐ撤退に慌てた中国は2019年4月にロッテに対して遼寧省瀋陽《しんよう》のショッピングモールなどの営業再開許可を与えたが、ロッテは再開する意思はないとした。

サムスンは天津の工場を閉鎖した。近く深圳の主力工場も閉鎖する。韓国製スマホは中国市場で20%のシェアを誇ったが、突如0・8%に急減し、工場経営の採算が合わなくなった。同社はテレビの工場もベトナムへ移管した。これらはいずれも日本の規制強化の前に起きていた。

２０１８年の韓国の対ベトナム直接投資は19億７０００万ドルとなり、同期の対中国直接投資の16億ドルを超えた。そして韓国からベトナムへの輸出は１９９２年国交回復時の１２１倍、４８６億ドルに達し、まだ急伸中である。ベトナム人は韓国人が大嫌いだが、投資と国民感情は別。ベトナム戦争中の韓国軍の無謀な侵略加担と虐殺行為を追悼する施設はベトナム中に作られている。

日本政府は対韓国輸出規制を強化し、また「友好国」だった韓国をブラックリストに載せて、軍事汎用品すべての輸出を規制する。韓国経済の死命を制する半導体の重要部品、部材の韓国向け輸出制限は開始された。

具体的には有機ＥＬ使用の「フッ化ポリイミド」、半導体製造に不可欠の「感光剤レジスト」、「エッチングガス」の３点。いずれも日本のシェアは90％～１００％だから完全に実施されれば、サムスンも、ＳＫハイニックスも半導体を作れなくなる。ＬＧディスプレイも同様に製造の継続は難しくなるだろう。

フッ化ポリイミドは優れた絶縁特性があるので航空宇宙やエレクトロニクス分野の部品生産で幅広く使用されている。感光剤レジストとエッチングは半導体素子の製造に使われ、露光用のマスク製造等の加工に用いられる。

弱り目に祟《たた》り目の韓国経済、あの「韓流ブーム」の沸騰も希薄となって、日本から同情する声は聞かれない。日本政府の対韓規制に95％の国民が賛成し、韓国擁護は朝日新聞など極左メディアだけである。

裨益組はプーチンのほか少数がいる

米中貿易戦争は米国経済にも損失をもたらし、その余波は日韓台を襲い、漁夫の利で笑うのがベトナム、カナダ、ブラジル、カンボジアだ。

米中貿易戦争で中国の損害も目立つが、アメリカ側の甚大な損失も顕著である。米国からの大豆、自動車、液化ガス、鉄くず、木材、パルプなど30％から80％の輸出減となり、損害額は帳簿上、２兆円前後と見積もられている。

中国からの対米輸出も集積回路、電気機械、部品など14％の減少を示した。現時点で見る限り、おあいこである（度合いは中国が低いように見えるが全体量比較ではなく、金額ベースでそれぞれが２兆円前後のロスとなっている）。

米中貿易戦争の余波は北東アジア、とりわけ日本、韓国、台湾の経済を襲い、サムスンはじつに56％の収益減。スマホ輸出は事実上止まった。対中半導体輸出が激減したからだ。そのうえで日本からの規制強化に遭遇し、売り上げ予測は大幅な下方修正が迫られる。

漁夫の利で笑うのは木材と穀物の対中輸出が激増したカナダ、そして大豆を中心とした穀物輸出が急伸のブラジルである。

迂回《うかい》貿易でベトナムとカンボジアが沸き立っていることはすでに述べた。

米国のインテル、クアルコム、アップルは業績の大幅下方修正、中国のファーウェイも、３兆円の売り上げ減を予測しているうえ、韓国のＳＫハイニックスは株価が暴落した。

以上を見る限りにおいて米中は大けが、日韓台は重傷となり、商業主義的な見地から言えば、「ろくなことはない」のである。

しかし米国は「目先の利益より国家安全保障が重要だ」と息巻き、トランプ政権より議会が強硬である。日本の企業人にはこの感覚がわからない。まさに二宮尊徳が言ったように「経済のない道徳は戯《ざ》れ言だが、道徳のない経済は犯罪である」。

中国はカンボジア、ベトナムで原産地を偽り、対米不法輸出に精を出していた事実は、欧米のメディアがすっぱ抜いたが、じつは現地の英語新聞でもちゃんと報道されている。

雨後の竹の子のようにカンボジアの西端にあるリゾートに中国人経営のカジノ・ホテル

が乱立。場所は新興の特別免税工業区＝シアヌークビルである。

天然の良港であり、中国が目を付けて特別工業区として開発し、付近に中国のデベロッパーが数十のカジノ・ホテルを建てた。中国からは蝗《いなご》の大群のごとき移民が押し寄せ、治安が悪化した。シアヌークビルでは中国企業の不法建築が夥しく、当局の取り締まりが追いつかない。

２０１９年6月22日早朝、中国企業が建設中だったビルが突如倒壊した。なかにいた人々のうち19名が死亡した。カンボジアの英字紙「プノンペン・ポスト」

ゴーストシティをカンボジアにも造成中だ（写真はシアヌークビル、19年8月、筆者撮影）

（6月24日）に拠れば、当該ビルは規制より広いスペースの設計となっていて、明らかに建築法違反、これまでにも2回、工事中止を申し入れてきたという。警察は中国人3名を不法建築容疑で逮捕した。建築の許認可はシアヌークビル市当局だが、カジノ・ホテルの乱立にせよ、とても建築基準に合致した結果ではなく、中国企業と地方政府幹部の癒着、汚職があると推定される。手抜き工事も中国人の常套手段であり、ビルの倒壊は地震や津波ならともかく、平時に突然崩壊することは考えられないだろう。

ところがフンセン政府が取った措置は、倒壊原因の徹底調査ではなく、犠牲者の遺族へ1万ドルの見舞金支払いだったのだ。口止め料？　同時に大きな問題が出た。前々から言われてきたことだが、中国は対米輸出の高関税を逃れるために原産地を偽り、ベトナムのハノイ、カンボジアのシアヌークビルで第三国を偽装する手段を執っていた。

魚介類などはコンテナの表示だけだから、ラベル張り替え作業さえ必要がない。カンボジア政府は表向き「不法輸出は厳重に取り締まる」と言明してはいる。しかし「上に政策あれば下に対策あり」を信条とする中国人である。だから「アメリカが高関税措置をとれば、中国はかならず抜け道を見つける」。

攪乱を演じるプーチン

トランプ、習近平が熱演中の舞台にもう1人準主役がいる。

ロシアの専制君主然としたプーチン大統領だ。欧州政治を攪乱《かくらん》するのも、いったいロシアの国益なのか、趣味でやっているのか。

プーチンは北大西洋条約機構（NATO）に想定外の亀裂を入れた。

トルコが露製S＝400システム導入を開始したのだ。エルドアン（トルコ大統領）は西側の一員から大きく離脱する構えを見せ、ロシアは喜色満面である。

エルドアンの体制転覆を狙ったトルコの軍事クーデター未遂（2016年7月15日）で、エルドアンは背後に米国の陰謀があり、策動の震源地は米国亡命中のギュラン師だと断定し、ワシントンに送還を要求した。

オバマ前政権は人道上の理由からトルコの要求をはねつけた。むくれたエルドアンは爾来、かなり露骨にNATO離れを見せ始める。

トルコは黒海と地中海をつなぐポスボラス海峡を扼《やく》し、西側にとって安全保障上の要衝であり、重要なNATOのメンバーである。そのNATOの団結を根底的に揺らすことになる。

クーデター未遂から3年後の、2019年7月。トルコが米国の要求を蹴飛ばしてロシアのS＝400防空ミサイルシステムを正式に導入し始め、ロシアB61に搭載されたS＝400の第1陣がトルコ空軍基地に到着、組み立て作業が始まった。

S＝400の導入は2019年4月3日にプーチンとエルドアンが正式合意に達し署名を済ませていた。

米国はそれでも楽観的で、F35（ステルス戦闘機）のトルコへの供与をキャンセルすると脅せば、エルドアンは土壇場で引き下がると想定していた。Ｆ35は総額１００億ドル、トルコ側の事情でキャンセルとなってもトルコは違約金支払いのため90億ドルの損失を蒙《こうむ》る。だからトルコがバカでない限り、しかもＮＡＴＯへの裏切り行為にもあたるからＳ―４００を導入するはずがないと読んできた。米国は自らアメリカンファーストを掲げながら、トルコのナショナリズムの根幹にあるトルコファーストを理解できなかった。

Ｓ４００は３６０度カバーのレーダーが捕捉できる距離およそ６００キロ、１６５個の標的を同時に狙い（米国製パトリオットは１２５個）、また防空システムがカバーできる高さは56キロ（パトリオットは25キロ）。

ＮＡＴＯの行方に暗雲が立ちこめ、プーチンは呵々《かか》と高笑したに違いない。

第2章

テクノロジー争奪戦争

日本には中国と韓国を制する死活的な技術がある

「韓国は約束したことは守ってほしい」とだけ安倍首相は言った。

2019年8月2日、日本政府は貿易上の特典を付与してきたホワイト国のリストから韓国を除外することを決定した。主として「軍事転用の恐れがある品目」が審査対象となる。こうした日本政府が韓国に対して輸出規制を強化したところ韓国は周章狼狽《しゅうしょうろうばい》し、悲鳴を上げた。そして何を血迷ったかGSOMIA破棄、これには米国も怒った。

サムスン、SKハイニックスなどの半導体輸出で韓国はドルを稼いできたのだから、もし日本から枢要な材料、製造装置そのほかの輸入が規制されると生産続行に大きな障害が出る。半導体製造の継続が難しくなる。

レジストの主要メーカーは信越化学、富士フイルム、JSR、東京応化工。エッチングガスはステラケミファ、森田化学工業、昭和電工、そしてフッ化ポリイミドはJSRなどである。

同時に日本政府は韓国を「ホワイト国」からブラックリストに移し替え、優遇措置をやめた。ただしこれらの措置はエンバーゴ（禁輸）ではなく、管理規制強化である。

輸出ごとに仕向地や仕様を具体的に申請し許可が必要になる。換言すると当該官庁から許可が出れば、支障はないのである。審査には60日から90日を要するケースもある。

筆者はかつて貿易商社を経営していた経験があるので、この許認可がどのようにして如何《いか》に行われるかの現場を知っているが、経産省のスペシャリストが審査に当たり、仕向地、輸入業者（登録地、その信頼性、取引銀行）、品物の特性などを具体的に書き込み、質問がされたらその場で回答する仕組み、そこまで厳格にやっても禁制品は漏れてしまう。盲点は第三国経由であり、ドバイやシンガポールあたりに怪しげな貿易商社が無数にある。

日本がこの時点で規制強化に踏み切ったのは、徴用工問題への報復ではなく韓国がこれまでなしてきた不正輸出である。仕様によっては毒ガスや兵器に転用されるのに、韓国はイラン、シリアなどに不法に輸出してきたのだ。

さて半導体製造装置は米国メーカーが世界シェアの過半を占めている。

この輸入ができなくなると中国も韓国も台湾も半導体の生産拡大ができなくなる。半導体製造装置メーカーで米国に次ぐ日本勢は東京エレクトロンなどが健闘している。将来も飛躍が予測される分野だから業界は買収による再編が加速度を増してきた。

その典型買収劇が世界トップの米国アプライド・マテリアルズが日本のＫＯＫＵＳＡＩを買収することだ。

第１にトランプ政権は高度な製造設備なども中国へ輸出を禁止する見通しであり、市場の寡占が勝負どころとなる。

第２に５Ｇ時代では研究開発費が膨大にふくれるため経営統合によるＲ＆Ｄ（研究開発）の集中化、効率化が至上命令となってきたからだ。業界筋に聞くと「これからはスマホのアプリの拡充、クラウドサービスの飛躍的発展が見込めるうえ、自動運転などでデータが大容量になり半導体はそれなりの適応が必要です。ＤＲＡＭ、フラッシュメモリーの需要は鰻登《うなぎのぼ》りだからです。アプライド・マテリアルズは洗浄装置に強い別の会社を狙ったのですが、買収に失敗、そこで成膜装置にすぐれるＫＯＫＵＳＡＩに買収の標的を絞ったわけです」。

アプライド・マテリアルズは２０１５年に業界４位の東京エレクトロンと業務提携、世界の25％のシェアを占めたが、提携の継続はならず関係を解消した。

そこで旧日立系のＫＯＫＵＳＡＩ　ＥＬＥＣＴＯＲＩＣに買収照準を合わせた。

この買収劇が意味するのは、世界の半導体製造装置で米国が圧倒的に優位に立とうとする技術へゲモニー戦略から生まれていることである。ちなみに現在、半導体製造装置のシエアは、アプライド・マテリアルズが18・5％、2位はオランダのＡＳＬＭ（16・4％）だ。ＡＳＬＭは露光装置で世界一である。3位がエッチング技術に優れた米ラムリサーチ（15・1％）と東京エレクトロン（15・1％）が並ぶ。5位は検査計測装置のＫＬＡテンコール（米、5・5％）。そして6位に日本のスクリーン・ホールディング（3％）、7位がＫＯＫＵＳＡＩ（2％）である。

全体を眺めると米国が世界全体の40％弱。日本は15％となっており、日米両国で世界の55％を寡占している。残りがドイツ、オランダ、韓国などだが、中国のメーカーは、この分野では見あたらない。むしろ中国は日米から半導体製造装置を買い、半導体を製造してきた。したがって米国は戦略的判断をなし、アプライド・マテリアルズは旧日立系で技術力のあるＫＯＫＵＳＡＩに2500億円を提示して買収することにした。

旧名「日立国際電気」だったＫＯＫＵＳＡＩはすでに米国の禿鷹《はげたか》ファンド「ＫＫＲ」に買収されており、アプライドはＫＫＲから全株を買う算段となる。ＫＫＲは私募債でのし上がり世界の51社を買収し、高値で売り抜ける禿鷹ファンドとして世界一である。

1976年にベアスターンズにいたコールドバーグ、クラビス、ロバーツという3人のユダヤ人が設立し、「これは！」と狙った企業に敵対的ＴＯＢをかけてのし上がった。業界では悪名も轟《とどろ》く。一時はジャンクボンドで名高いドレクセル・バーナム・ランベール証券から高利の債権を起債して買収資金を集めるなど荒い手口を使った。

結局、この買収劇も最後に儲けたのはＫＫＲということになる。

産業用ロボットを推進する中国の矛盾

省力化のシンボルは労働者にかわって正確な作業をこなす産業ロボットである。

中国が大量の最下層労働者を抱えながら、なぜ産業ロボットにも力点を置くのだろう？

国連ならびに世界銀行の発表したデータによれば、中国には１日５ドル以下で暮らす貧困層がまだ１３６０万人もいる。

２０１２年に農村部の貧困人口は９８９８万人とされたが、２０１８年には１６６０万人まで減少した。それでも１日５ドル以下の低賃金に甘んじ、なかには日収が１・９ドルという極貧層が存在しているとされ、中国政府は２０２０年までに貧困人口は解決されると豪語している。

不況と大量失業を抱える中国なのに一方で決定的な人手不足である。

不足しているのは熟練工、経験の深いエンジニアである。これらを補うために中国は日本やドイツから産業ロボットを導入し、ＦＡ（ファクトリー・オートメーション）に挑んできた。

中国でもたしかに産業用ロボットを量産しているが、中国の技術中枢は空洞、日本頼りである。安川電機、ファナックが中枢を受け持つゆえに中国も最先端ロボットを追随してきたが、補助金つきという国を挙げての政策だった。

「中国製造2025」が目標としたのは、70％の国産化達成だった。何がネックかと言えば、アーム位置を検知するエンコーダー（検知機）、間接に組み込む減速機など中核部品、そして複数のロボットを連携して作業させるノウハウである。でも、何かおかしいと思わないか。ミサイルの照準を合わせたり、宇宙衛星を次々と打ち上げる技術を持つ軍事大国の中国がなぜロケットやミサイル等、飛翔体の中枢技術を持ち合わせていないのか。

典型例が自動車産業だろう。

中国は国を挙げてＥＶ（電気自動車）に躍起となってきたが、電池ステーションを方々に国策として設置しても、肝腎のＥＶ普及は遅れ、とうとうトヨタ主導のハイブリッドに主力を投じることに路線変更している。

電気自動車で大々的な投資を上海で行うテスラは、すでに先行きに暗雲が拡がっている。坂道や渋滞を計算に入れずに8時間もかかる充電で200キロも走れない。こうした自動車の需要は地域移動、工場内、あるいは短距離のエコカーとして大いに需要があるだろうが、長距離を飛ばす大型トラックやタンクローリーなど産業の根幹をなす運搬車両には不向きである。

もっと突きつめて言えば、自動車産業は年間の販売が2400万台と豪語しても、大半は外国企業との合弁であり、ベンツ、GM、ボルボ、そしてトヨタ、日産、ホンダ。中国国産車はたしかにある。吉利（ジーリー）、BVDなどだが、中国で走っている風景を見ることは稀《まれ》である。ジンバブエとか、ロシアでは日常的に目撃できるけれど。

この視点でファーウェイの本当の技術力を点検してみることはたいそう有意義である。ファーウェイのスマホ「P30 PRO」を分解し、部品ごとにその依存度を克明に調べたのが日本経済新聞だった（2019年6月27日）。

部品の依存度、なんと日本がトップで869点、全体の53・2%もあることがわかった。次いで韓国に562点、34・4%、台湾に83点、5%を依存しており、中国国内はというと、80点の部品で全体の4・9%の依存しかない。米国は15点で0・9%だった。つまりファーウェイは日本に部品供給の過半を依存していたのだ。

では常用部品はどうかと言えば有機ELディスプレーは中国の京東方科技集団に、DRAMは米国マイクロン・テクノロジーに、アプリケーションプロセッサーが中国のハイシリコン（海恵半導体）に、フラッシュメモリーを韓国サムスンに、リアカメラが日本のSONYという具合である。

これらの部品の世界シェアを比較するとDRAM、フラッシュメモリー、指紋センサー、有機ELディスプレーは韓国が圧倒的で、日本がトップなのはカメラ用のSMOSセンサーだけ。プリント基盤は台湾、しかしもっとも稼げる基本ソフトは米グーグルが85%、アップルが15%となっている。前者グーグルは「アンドロイド」、アップルのOSはマイクロソフトである。

ついで半導体材料を比較するとシリコンウエハーは信越化学とSUMCO、洗浄液は住友化学、富士フイルム、レジストは露光工程の感光に必要で、JSRと東京応化工業、回路以外の部品をガスで除去するエッチングガスは昭和電工、ADEKA、そして封止材は住友ベークライト、日立化成と、圧倒的に日本のメーカーで、世界の過半を占めるとされる。さらに部品の原材料を見ると、レアアース、インジウム、ガリウムは中国。僅かにコバルトがコンゴ民主共和国、リチウムイオンが豪州という色分けになる。

こうして相互依存は多くの国を跨《また》ぐため、多国籍のサプライチェーンが構築されている。どの一角でも崩れてしまうと、サプライチェーンは麻痺する。

日本のメディアはこうした技術の偏在を、「グローバリズム」の観点から、世界のサプライチェーン重視という意味で論じている。技術ナショナリズムの観点がすっぽりと抜け落ちているのが日本のメディアの欠陥である。

ファーウェイは「アンドロイド」に代わるOSを秘かに開発してきた

ファーウェイのスマホ、世界で2億台を突破している。中国市場で優に5割のシェア。なんとも凄《すさ》まじき猛進ぶりだった。10年前にこの会社の名前を聞いたことさえなかった。OSはグーグルのアンドロイドだ。マイクロソフトと同様に、OSそのものは公開されているが、数々のアプリは、アンドロイドが基礎になる。

インテルがZTEへの半導体供給をやめたように、米国が同社への供給を中断すれば、つぎに何が起きるかは目に見えている。

ファーウェイは記者会見して「独自OS（鴻蒙）のスマホを8月か9月には販売開始できる」と胸を張った。秘かにこの日に備えて独自の自家製のOSを開発してきたので、安心せよという宣言、その独自OSは「鴻蒙」と名付けられた。海外では「ARK」というブランドにすると、その手回しの良さには舌を巻く。

だが、次の話は本当だろうか。ためにするフェイクニュースのような気がしないでもない。

２０１２年、深圳の「湖畔の宿」に秘かにファーウェイ社内の腕利きエンジニアを中心とする専門チームを担う社員が集められた。創業者の任正非じきじきに出席し、「将来、グーグルからOS使用を拒否された場合、独自のOSを用意しておく必要がある」として、秘密チームの発足が決まった。湖畔の宿の合宿は１週間続けられたという。

この独自OS開発チームは社内でも機密とされ、ラボは警備員の特別警戒にあたり、２０１２年の秘密会以後、開発と研究が秘かに続けられてきた。場所は東莞あたりと推定された。

深圳のファーウェイ本社では８万人が働く、一大「ファーウェイ・タウン」となっていて世界中からの出張組も受け入れるホテルがあり、社員食堂も充実しているという潜入記は近藤大介『ファーウェイと米中５G戦争』（講談社α新書）だ。まるでワンダーランド、じつはその対面がフォックスコン本社だ。

著者の近藤大介氏は辣腕《らつわん》のジャーナリストで、小泉訪朝でもピョンヤンに出向き、潜入記などを報じた。北京駐在時代には筆者もよく近藤氏と会って情報を交換したものだった。

さてアメリカが敵視しているファーウェイのダークサイドより、どちらかと言えばブライトサイドを近藤氏は観察する。ファーウェイはスパイ企業ではないかのような明るい側面が強調される。

米中貿易戦争とトランプの大統領権限法の発動、そして商務省のエンティティリスト（EL）によってファーウェイは米国市場から排斥された。中国の巨人企業の排除に積極的に同調しているのは豪くらいで、消極的ながら基地局、中枢部品を使わないとしているのがカナダ、NZ、日本など。

ところが反共同盟であるはずの英国は日和見を決め込み、韓国、台湾は迷惑顔、そしてアジア諸国は米国の顔色も見るが、なにしろ廉価、条件などを勘案すれば、ファーウェイを選択する。シンガポールもマレーシアも、そしてフィリピンもファーウェイの5G採用を決めている。中国と敵対しているはずのインドにしても、中国製スマホが圧倒的シェア、EU諸国も右に倣えときた。

したがってアジア・タイムズなどの直近データを用いると、ファーウェイを筆頭とする中国勢は向こう5年間に4790億ドルの商圏が拡がると予測され、現実には中国主要50都市に10万の基地局を新造し、世界の3分の1のシェアは中国企業がいただくとしている。

このため、2020年から2025年にかけて2180億ドルの投資を行うが、資金の目処はベンチャー・キャピタルの勃興《ぼっこう》があって、十分に補えると強気の予測である。ただし北京大学の周治平《しゅうちへい》教授は、中国の半導体技術は米国、台湾のそれに2世代遅れている、と言う。

現実に通信は宇宙に浮かぶ通信衛星と海底ケーブルが基軸であり、中国の「北斗システム」は2020年から稼働を始める。ファーウェイ、小美《シャオミ》、OPPOなどは、すべてこの衛星システムに依拠する。

中国主導の海底ケーブルの敷設は驚くほどの迅速さで、海のシルクロードに沿って、5万361キロの海底カーブルを敷設し、ファーウェイとは表面的に切り離して別のダミーが、運営するかたちをとる。

トランプが逆立ちしても、もはやファーウェイの優位を覆すことは不可能であり、結局世界はGAFA vs. BATHで2分割されるというのである。あるいは「M」（マイクロソフト）を足してGAFAM vs. BATHとする評論も多くなった。

5G開発で中国に1歩か、2歩の後れを取ったと焦燥感に苛立ちながらも実態が認識できた米国はいきなり「6G」に挑戦するだろうと筆者が予測するのは右のような環境の変化である。

軍事目的が中国の究極の狙い

軍事技術スパイだったＵＣＬＡ準教授（中国系アメリカ人）をＦＢＩが逮捕した。当該容疑者はミサイルならびにミサイル誘導技術を中国軍系企業に売っていたのだ。

この準教授（電子エンジニア専攻）は「企業機密法」違反ならびに脱税容疑で司法当局に逮捕された。軍事機密漏洩《ろうえい》の証拠が立証されると、この準教授は合計２１９年の禁錮刑と全財産没収となる。

司法次官が記者会見して明らかにしたもので、米司法省が起訴することは重大な案件であることを示している。準教授の名前はシー・イ＝チ（音訳不明）。中国四川省成都にある中国軍経営の「成都ガストーン科技」（ＣＧＴＥ）に、米軍の使用しているミサイル、ミサイル誘導装置の技術を漏洩した容疑が濃厚である。以前からＦＢＩが内偵しており、また２０１４年に商務省のＥＬにリスト入りしている要注意企業だったのである。

シー容疑者は成都で半導体製造の企業を経営していたことがある。成都と言えば中国の軍需産業のメッカ、また弟のカナダ国籍者も共犯容疑がかけられた。カリフォルニアでは昨師走にスタンフォード大学教授だった張首晟が自殺している。本当に自殺だったのか、どうか。張教授の自殺は、その数時間前にバンクーバーでファーウェイの副社長＝孟晩舟が拘束された情報が飛び交ったときで、関連性から言っても疑惑が深く、いまとなっては「死人に口なし」となった。

ロシアもモナコもポーランドも

２０１９年６月８日からサンクトペテルブルクで開催されていたロシア主催の「国際経済フォーラム」のメイン・ゲストは習近平だった。

プーチンと並んで「貿易は自由であらねばならない。保護主義はよくない」と述べて、「よくそんなことが言えるな」と自由貿易圏を驚かせる一方で、習は「トランプ大統領とは友人である」と述べ、作り笑いを演じた。

プーチンは日頃の憂さを晴らすかのようにアメリカを名指しで批判し、「保護貿易主義に反対してきた米国が制裁だの、排斥だのと言うのは時代錯誤だ」とファーウェイの５Ｇプロジェクトの排除を決めたトランプ政策を批判した。

この席で派手な政治演出があった。

ロシア最大のプロバイダーＭＴＳ（モバイル・テル・システム）がファーウェイの代表と

固い握手を交わし、中国の5Gを採用する正式契約に署名した。ロシアのMTSは、ロシアばかりかウクライナ、ベラルーシ、アルメニアで同じシステムを使用しており、ロシア圏最大の通信企業である。

「モスクワ・タイムズ」によれば、「ほかにファーウェイの5Gとの契約を準備中の欧州の国にはオーストリア、ベルギー、ルクセンブルク、オランダ、ドイツ、仏蘭西、アイルランド、ハンガリー、ギリシア、リトアニア、ポルトガルだ」と報道した（同紙、6月6日付け）。このうち豪、ベルギーなどはその後、ファーウェイの排斥に転じた。

いずれにせよ芝居がかった儀式を演出することによって、ロシアは中国との仲の良さをアピールし、米国を強く牽制《けんせい》したことになるのだが、じつはこの時点での焦眉《しょうび》の急はロシアも中国もベネズエラの今後の扱い方を決めかねており、両国に意見の一致がみられないことだった。ただし両国はもはやマドロゥ政権を見放しているらしく、現政権救済の展望は一切語られなかった。

ウォールストリート・ジャーナルは「ロシアの軍事顧問団ならびにマドロゥ大統領の警備に当たってきたロシアチームは賃金不払いのため、まもなくベネズエラを去る」と報じた。

ロシアのラブロフ外相はすぐにこの報道を否定したが、かつての熱烈なベネズエラ救済の姿勢はもはやない。中国も同様である。

見限られたと自覚したのか、どうか。同日、マドロゥは4カ月にわたって封鎖してきたコロンビアとの国境を開放した。ベネズエラからどっと避難民が国境を越えた。国連はすでにベネズエラ難民は400万人を超えたとした。なぜベネズエラ問題が中国とロシアにとって深刻なイシューかといえば、両国がベネズエラに投資した巨額、その債権の回収がほぼ絶望的となっているからだ。

こうした動きの反面で、ロシアへ対する外国投資の筆頭が中国でもドイツでもなく、意外にもアメリカだった事実も浮かんだ。

2018年統計で、アメリカの対ロシア投資は70件、全体の33％を占め、2位のドイツは24件のプロジェクト、中国は19件だった。この数字は中国にBRI（一帯一路）が財政的にも貧窮化しており、投資の続行が困難になった事態をそれとなく裏付けているのではないか。


モナコ王国も通信網にファーウェイ5G採用を正式に決定した。

モナコは次世代5Gの通信ネットワークにファーウェイの採用を正式に決めた。たとえ小国とはいえ西側世界で、米国の示しているファーウェイ排撃に非協力を表明したことは、トランプにとって、大きな衝撃である。

英国は中枢機関をのぞき、ファーウェイは排撃しないとしてきたが、ドイツ、フランスも同様な路線に傾いた。ただし軍事技術に関しては規制をかける。

アジアにおいてもマレーシア、シンガポール、フィリピンはファーウェイの5Gも、排除しない立場を表明している。

インドは反中国路線だが、5G技術に関しては、ファーウェイとの共同研究を進めている。インドのシリコンバレーといわれるバンガロールと中国に貴州省貴陽（中国のシリコンバレーともいわれる）との間には直行便があるほどだ。

また米国にしても、G20大阪で、トランプ大統領がファーウェイへの輸出は汎用品に限っては容認すると記者会見したが、対して連邦議会は猛烈に反対にまわり、トランプを弱腰と決めつけた。

「ファーウェイをELリストに残すことには変わりはなく、あくまで民生用に限っている」とクドロー国家経済会議議長は釈明した。

完全排除となると最悪の被害は米国のアップルが被るだろう。したがってG20直前にもアップルは関税の第4弾に執拗《しつよう》に待ったをかけていた。アイフォン、アイパッドなどが関税障壁で競争力を失うという懸念に直面していたからだ。

しかし、いまさら被害を並べ立てても、アップルはそもそも中国依存のサプライチェーンを自ら構築してきたのだから身から出た錆《さび》ではないのか。

旧ソ連圏はファーウェイにとって楔を打ち込める市場だった

中国の巻き返しが欧米の中枢を揺らしている。東欧最大市場のポーランドは政府調達から排除したものの、民生用ファーウェイは排除しないとした。

ポーランド系アメリカ人と言えば、すぐに筆者が思い浮かべる学者はズビグニュー・ブレジンスキーだ。彼はカーター政権下で安全保障担当補佐官だった。というより、『ゲームプラン』、『ひよわな花・日本』などのほうが有名だろう。ただし一般人は誰も知らないかも。ブレジンスキーはパンダハガーの代表選手で、米中はＧ２だとはしゃいだチャイナロビィでもあった。

米国のみか世界中で有名なポーランド系アメリカ人は米国大統領予備選で先頭を走ったバーニー・サンダースだろう。ワレサ初代大統領の名前って、憶えているのは年配者くらいか。

ポーランドは冷戦後、真っ先にアメリカに接近した。

株式市場もさっと開設し、経済自由化のスタートも早かったのは、在米ポーランド人が支援したからだ。ポーランド系アメリカ人は祖国が迅速にソ連帝国主義の悪影響の汚染を洗浄し、その桎梏《しっこく》から離脱することを望んだ。だから支援を惜しまなかった。

筆者は冷戦のさなか、冷戦終結直後、そして3年前と3回行っているが、いまやポーランドは見違えるほど美しい、近代的な国家に変貌した。NATOにはイの一番で駆け込んだ。繁華街は日本料理レストランの花盛りだ。

ポーランドは反ロシアを掲げ、「ロシアの脅威が目の前にある」としてNATOの防衛前衛なのだからと、アメリカ兵を増派させることにも成功した。

2019年1月、ワルシャワで1人の中国人が逮捕された。ファーウェイ社員の王偉昌で、共犯者のピョートル・ドグルバイドウズと組んでスパイ活動に及んだ容疑だった。王は3年以上もグダニスクの中国領事館に勤務していた。共犯者とされたポーランド人は、王の誘いで3回、中国を旅行した履歴も判明した。

ポーランドではファーウェイ排斥を訴える米国の要求には背を向けた。5Gのトップを突っ走るファーウェイは安全保障上の脅威ではないとし、「今後も通信ネットワークにはファーウェイ方式を継続する」と7月8日にワルシャワを訪問した王毅《おうき》外相に答えた。

ポーランドでファーウェイはすでに強力な販売網を構築しており、500名の社員を抱えている。ここがファーウェイの東欧最大の拠点である。

旧ソ連圏で、NATOに加盟した国々は多いが、経済状況はさまざま、とくにハンガリーなどは反EU感情が根強く、EU本部に反旗を翻すナショナリズムが噴出することが多い。

チェコ、ハンガリー、ブルガリア、ルーマニアは、ポーランドとともにユーロには加盟せず、旧東欧でユーロを使っているのはバルト3国とスロバキア、コソボくらいだ。

バルト3国のなかで、北のエストニアはいち早くIT革命を成し遂げ、選挙もスマホで投票する先進的な側面を持つ。スマホはノキアが多い。しかしエストニアにはまだ数十万のロシア人が残留しており、ハッカー攻撃でロシアから邪魔され、ITシステムの円滑化ができないでいる。地理的には北欧に近いのでノキア、エリクソンが浸透している。

まんなかのラトビアは残留ロシア人が多く、経済が立ち遅れている。首都リガの繁華街はアールヌーボーの建物が立ち並び壮観だが、産業の近代化が遅れ、製造業が立ち上がれない。若者は外国へ出稼ぎに出る。

南のリトアニアは地理的にドイツに近く、経済的にもドイツ資本が目立つようになっている。反ロシアは旗幟《きし》鮮明である。

とはいえ、ファーウェイ排除という要請に関して言えば、ロシアがファーウェイ・システムを組み込んでいるためベラルーシ、アルメニアなどにも自動的に及び、また肝心のドイツ、フランスがまだ態度が不鮮明であり、東欧のみならずヨーロッパ全体が揺れているという状況である。

ASEAN諸国は大揺れ

マハティール首相の反中国路線も、表面だけのポーズで、経済はすっかり中国圏にビルトインされている。

マレー半島の東西を横切る新幹線も、いったんはキャンセルとしたが、KL（クアラルンプール）周辺の新幹線工事は進捗《しんちょく》しており、正式にプロジェクトを中断したのはボルネオからの海底パイプラインだけである。

ところでマレーシア国民が伝統的に尊敬するのは首相ではなく国王である。

サルタンの互選で選ばれる国王陛下は任期が5年という極《きわ》めて「共和主義的・民主主義的な君主制」である。さきに国王はロシアの「ビューティ・クイーン」とド派手な結婚式を挙げた。その式の模様は凄まじいほどの華麗で、豪華絢爛《ごうかけんらん》。しかも花嫁が主役の優雅な踊りあり、パリのムーランルージュのようなショーが繰りひろげられ、幕間にサーカスあり、手品あり、ハリウッドやパリの社交界でも、これほど豪華絢爛の結婚式を挙行した例は稀である。

マレーシア経済は金融・物流・小売りを華僑《かきょう》が握っているため主力のマレー人はつねに不満を抱いてきた。だからアラブの金融機関を招聘《しょうへい》してバランスを取った。

多数派のマレー人はイスラム教徒だが、華僑は仏教か、道教、ときにキリスト教がいる。ましてここにインド系国民が社会に溶け込みヒンズー教を信仰する。クアラルンプールの北郊外にあるヒンズーの総本山、驚くほど壮大な寺院だ。マレー人50%、華僑35%、インド系10%、その他。大雑把な人口分布だが、典型的な多民族国家、価値観が多彩（というより分裂している）。

ナジブ前首相のあまりな中国接近、そして腐臭に満ちた賄賂《わいろ》漬け政治に嫌気が差したマレーシア国民は93歳のマハティール前首相の返り咲きを選んだ。マハティールは選挙中、中国のデベロッパーが開発していた70万の人工都市フォレストシティを「あそこは森という名前の通り『オランウータンの住み家』とせよ」として投資ビザの特例を見直した。中国が進めていた新幹線は20%が完成したところで打ち止めとした。ボルネオから海底をくぐり抜けて運ばれるガス・パイプライン・プロジェクトは中止した。

ところが一方、国民車プロトンの夢捨てがたく、マハティール首相は中国へ飛んで上海汽車との協同強化を認める。シルクロード国際フォーラムにも参加した。西側から見れば、鵺《ぬえ》的な行為だが、アジア特有の政治なのである。

米国がスパイ機関と認定し、排斥を決めてファーウェイをどうするのか、注目された。

マハティールは5月に東京で開催された日経新聞主催のシンポジウム「アジアの未来」で講演に立ち、「マレーシアはファーウェイの5Gシステムを受け入れる」と言明した。「スパイ機関っていうが、われわれには秘密がない」とブラックユーモアを交え、「米国のペンタゴン報告やCIA報告は正確ではない（信頼できない）。ファーウェイは過去20年にわたり、マレーシアに根付いた企業である」。

ファーウェイの社員の多くが軍人、国家安全部からの派遣だという事実、これまでの技術盗取に関してはスルーした。そしてマハティール首相はこうも言った。

「トランプ政権の対ファーウェイ最後通牒《つうちょう》は、アジアでは効果を挙げないだろう」

老練、老獪《ろうかい》、まったく端倪《たんげい》すべからざる政治家である。

このマハティール発言に触発されたのか、タイ、シンガポールはもともとファーウェイのネットワーク受け入れを決めていたが、フィリピン、そしてインドネシアが「ファーウェイの5G通信ネットワークの実験に参加する」と言い出した。

ASEANではほかの国はともかくインドネシアが5Gシステムに積極的で、米国の意向に逆らったことは留意しておく必要がある。

とくに東チモール独立で、欧米の圧力で領土をもぎ取られたと考えるインドネシアは、空軍戦闘機をF16からミグに切り替えたように米国への意趣返しである。

アジア市場でファーウェイは8000万人がスマホを使用していると見積もられ、さらに向こう5年間で1兆2000億ドルの売り上げが見込まれる。日米豪カナダの市場を失っても、ファーウェイはアジアで、そして中東と一部欧州で、そして欧州植民地だったアフリカで、廉価を武器に英国系ボーダフォンなどを駆逐してきた。携帯電話に関して言えば、日本でも豪でもNZでもファーウェイは意外と普及しており、日本政府は基地局での不使用を言っているのみである。

フィリピンもファーウェイの5Gネットワーク入り

ロドリゴ・ドゥテルテ大統領は反米、親中姿勢を鮮明にした。

昨師走、李克強《りこくきょう》首相と会談してから、ドゥテルテ政権は従来の米国との軍事同盟という前提条件を顧みず、ファーウェイの通信インフラ建設の話を進ませた。

2019年8月にドゥテルテ大統領は就任以来5回目の訪中をなして、むしろ対中経済依存度を深めた。中国に占拠されているスカボロー岩礁の問題は触れただけだった。

米国はスービック湾の海軍基地とクラーク空軍基地の再建を模索してきたが、スービック湾一帯はすでに工業地区に変貌し、中国企業の投資も活発である。クラーク空軍基地跡は、一部民間空港会社がすでに利用しており、韓国や香港とは直行便が行き交い、周辺はコリアンタウン化している。さらに最近の情報ではルソン島北方の島と、スービック湾沖の2つの島の開発を中国はフィリピンに持ちかけているという。

フィリピンの通信企業大手ミスラテル（MISLATEL）はチャイナ・テレコムと合弁の新通信企業を設立し、フィリピン全土の通信網をファーウェイの5Gシステムとする。

高速通信のインフラが必要かどうか、通信の安全をどうするのか、スパイ行為がなされた場合、通信の機密は保たれるのか、という種々の問題はスルーし、5G導入を急ぐ。

新しいコンソーシアムはチャイナ・テレコムが40％出資し、フィリピン側はミスラテルに加えて、同じく通信企業のグローブ・テレコム、スマート・テレコムなどフィリピンの通信企業が参入する。すでにファーウェイの5Gシステム導入を決めているのはロシア、UAE、欧州ではモナコなど130カ国に及び、世界は米国勢vs.ファーウェイの通信システムで2分割されることになる。

プーチンがＡＩのグレートゲームの新展開を予測してこう予言したことがある。

「ＡＩ（人工知能）を支配するものが、誰であれ、世界を支配するだろう」

10年前まで北京、上海などで日本人特派員と会うときは尾行を気にした。尾行を巻くと逆にフルマークとなるので、知らん顔をしている記者が多かった。電話での会話も、たとえば江沢民《こうたくみん》主席をさすときは「黒メガネのおっさん」とか暗喩《あんゆ》的な記号で会話を交わした。確実に盗聴されていたからである。

それが近年、尾行がなくなった。特派員たちの持っている携帯電話で移動先をＧＰＳで把握できるからだ。宇宙に浮かぶ偵察衛星とＧＰＳが繋がっている。中国はビッグデータで国民1人ひとりの生活を監視し、たとえばクレジットカードの記録から当該人物が何を買って、どういう趣味があり、常連のレストランまで把握する。会話記録から友人関係も掌握する。

近年、顔認識の精密な防犯カメラが全土津々浦々に設営され、人権活動家や民主弁護士、外国要人の行き先、会った相手の特定まで行っている。

「中国のビッグデータは国民を見張っている」と「デジタル・レーニン主義」の名付け親

であるヘイルマン（ドイツの社会学者）が言った。「もはや中国の監視体制は『オーエルの世界』を超えた」と。

中国の交通警官のサングラスは顔識別装置を内蔵し警備当局と繋がっている。なぜなら中国の顔面記憶データから、張り巡らされた監視カメラによって、手配された被疑者をおよそ6、7分で拘束できるようになった。

江西省南昌で6万人の観衆を集めたライブで顔面識別は、そのなかに30数名の手配者を割り出し拘束した。

ましてドローンは世界一をほこり、鳩に偽装したスパイバード（ドローンの改良）がチベット、南モンゴルなどでも反政府活動家の動きを監視し、厳重に封じ込めている。

人類未踏のデジタル全体主義国家が、わが国の隣に出現している。

周回遅れとなった日本、米国との狭間にあって独自のシステム構築にも完全に遅れてしまった。5Gのスマホは世界に先駆けて韓国サムスンと中国のファーウェイが行い、アップルも先頭レースに遅れたが、近く新製品を売り出すと発表した（9月3日）。

となれば、今後は日米協力の6G開発時代を迎えることになる。日本の選択肢はほかにないのではないか。

日米は具体的にどう対応するのか

ジョージ・ギルダーの啓発的な近未来予測『LIFE　AFTER　GOOGLE』（「グーグル以後の社会」とでも訳しますか）は大いに参考になる。

ギルダーは1981年に『富と貧困の政治学』で、克明にレーガン保守革命を分析したアナリストだが、あれから40年経っても、慧眼《けいがん》が持続していることは一種脅威だ。

日本も世界も、まもなく突入する「5G時代」にいかに備えるかを説いたものではなく、5G以後にどうなるかを論じているのだ。

歴史を紐解《ひもと》けば、原則的な現象は共通することがわかる。農業から工業へ、産業革命を導いたのは蒸気機関であり、電気の発明が世の中をかえた。固定電話の普及が遅れたのは電話線の延長と確保であり、遠隔地への敷設は容易ではなかった。ところが電話線を必要としない時代がきて、基地局さえこまかく設置すれば、山の奥でも地下鉄のなかでも通じる。パソコンとスマホの世界的な、飛躍的普及は異次元の発展だった。

固定電話から移動体、自動車電話、スマホへの躍進は、あたかも国際郵便が海底ケーブルの敷設によって国際電話となり、やがてテレックス、FAX時代を経てインターネットによる通信となったように、宇宙衛星が通信の革命を運んだ。

世のなか、便利になることを喜んでばかりはおられない。

日本の小売り店舗、とくにジジババ・ストアは「大店法」という規制緩和で全滅した。アメリカの圧力に負けて、日本独自の伝統的商いを廃墟《はいきょ》とした。

街の酒屋はカクヤス、タバコ屋はコンビニへ早変わりし、文房具店はアスクルが代替し、商店街はシャッター通りとなって、大型ショッピングモールに交替した。ビジネスモデルは米国だが、国土の広さが異なる。米国では地方、辺地は通信販売しかなかった。シアーズもＪＣペニーもカタログ販売で伸びたのだ。その老舗《しにせ》百貨店もアマゾンに食われ、ジジババ・ストアの風物詩は蜃気楼《しんきろう》の如く消え、Ｋマートもラジオシャークも閉店の憂き目となった。

新聞も書籍も不要になる時代が近付き、ネットニュースが無料という状況はいずれ淘汰《とうた》されるだろうが、全米ではローカル紙、老舗雑誌も廃業にいたり、ネット読者の有料化で存続できるのは数紙しかない。書籍も不振、出版業界はもっとも急減した不況産業の代表格であり、小型書店は潰れ、中型はカフェ化した。

さて「グーグル」が殺したものは何か？

エンサイクロペディアブリタニカだけではなく大宅壮一文庫は存立の危機に陥った。

「コピペ」学生は教科書を買わず、地図も時刻表も深刻な危機を迎えた。

グーグルは絶頂を極めたが、グーグルアースは他人の家を覗《のぞ》き、個人のプライバシーが覗かれるという心理的不安が拡がった。個人が知りたいこと、やりたいことがバレるほどにデータが蓄積され、それは商業活用から国家の国民監視に転用される。

そのグーグルもやがて黄昏《たそがれ》を迎えるだろうとギルダーが前掲書で予測するのである。

無料化、広告業界の激変。フェイスブックなどGAFAと政府の規制、税金対策で、司法の介入が頻度はげしくなり、国家と対立することが避けられなくなる。げんにフェイスブックは国家と対立し始め、司法省との対決は抜き差しならなくなった。フェイスブックは、ソーシャルネットワークの会話として、世界の4分の1が繋がったが、恋人が出来れば不要になるという特色がある。

そのフェイスブックが仮想通貨を発行するというからには国家は規制をかけるのは当然、なにしろ「暗号通貨」の嚆矢《こうし》「ビットコイン」は国際間送金を早めたが、同時にビットコインに代表される暗号通貨は政府、中銀が介入しない無国籍「通貨」であり、国家と利害がぶつかるのである。制限の量の枠内で取引されるビットコインの基本スキームは、構造的には金本位制と同じ発想だが、発明者の目的はユーザーからは顧みられず、85％は中国人が飛びついて、不正な海外送金の隠れ兵器として駆使した。

フィンテックは銀行を圧死させるだろう。ATM、手数料競争も空しく行員は半減、業界は大規模再編に見舞われる一方で、異業種の銀行設立ラッシュ、ネット上の仮想銀行の興隆がある。同様に旅行業界にも津波が襲った。オンライン代理店の登場は大手を滅ぼす可能性を孕《はら》んでいる。JTBが赤字転落、元凶は? 航空会社カウンターが市内にない。ホテルは集客を大手に頼らなくなった。ネットで次々と予約が入るからだ。

5G時代、AI搭載によってスーパー、コンビニの無人レジが普及し、米国ではレジ係340万を失業させる。やがてAIで声の注文により、ドローンが配達する。

ツイッターとクラウドが政治を変えた。

まさかよもや圧倒的組織とメディアの支援があったヒラリーが、「ツイッター」をフルに駆動してキャンペーンを展開したトランプに逆転された。いずれ日本の政治もアメリカのように変貌する可能性がある。「選挙公報」も従来の集会を飛び越えて、テレビ宣伝も使わずに、政策を直接国民に呼びかける政治はトランプ大統領によって推進され、左翼メディアとの果敢な戦いをフェイクニュースと断定して乗り切り、記者会見を不要とした。そしてクラウドファンディングは従来的な政治資金集めのPAC方式さえ変質させようとしているのだ。

第3章

世界金融戦争はすでに始まっている

IIF報告、中国の負債は40兆ドル

軽視された発言だった。

2019年初に習近平は党中央学校で講演している。その場で飛び出した言葉は「『黒い白鳥、灰色の犀《さい》』に気をつけろ」だった。いうまでもなく「黒い白鳥《ブラックスワン》」はあり得ない白鳥。誰も想定しない出来事の意味である。対して「灰色の犀《グレイリノ》」は日常見慣れている風景が突然変貌する様を意味する。灰色の犀は日頃おとなしく、灰色の肌は周囲の風景と調和し、日常に溶け込んでいる。その犀が、突如暴れ出すと凶暴性を発揮し収拾がつかなくなる。

多くのチャイナウォッチャーは、この習近平の発言を、「共産党の存立が危険に晒《さら》され、権力機構が危機に瀕《ひん》する怖れあり」と独裁者の体制危機への恐怖と解釈した。とりわけ米中貿易戦争とファーウェイ排斥、裁判沙汰《ざた》という西側の動き、すなわち国際的に中国の四《し》面楚歌《めんそか》状態があり、国内的には人権弁護士や退役軍人の抗議集会の頻発、ウイグル自治区の少数民族弾圧、企業倒産による大量失業、有名企業の社債デフォルトなどの危機を事前に予知し、早期に予防する対策を講じよとする警告だと受け取った。

しかし筆者は習発言をむしろ「経済危機」への警句と受け止めた。

中国経済をじっと観察してきた者としては経済崩壊論などはすでに手垢《てあか》のついた予測論であって、いま世界のチャイナウォッチャーが議論しているのは、いったい不良債権の金額は具体的にいくらで、リーマンショックの何倍ていどで「中国発金融危機」が開始されるのかという度合いについてなのである。

金融危機を習近平が深刻に認識したあらわれであると解釈したのも、国際的金融機関、それこそＩＭＦ（国際通貨基金）・世銀、ＢＩＳ（国際決済銀行）が昨夏以来、同様な警告を発し続けているからである。

上海株式市場の不気味な下落、社債デフォルト、銀行の倒産危機が連続しているため、２００８年のリーマンショックのような金融危機の到来が近いとする予測は国際常識となった。世界の金融筋は中国発の金融恐慌の可能性を議論し、最近の金利政策、通貨政策、為替政策に防御策を滲《にじ》ませている。

根源に横たわるのは中国の過剰債務問題だ。ところが、この状況下にまだ中国が発展すると踏んで投資を増やす日本企業がある。狂気の沙汰である。

地域的に失業率は20％を確実に越えている。習近平の子飼い、陳敏爾《ちんびんじ》が党書記を務める重慶市はかつて蔣介石政権の臨時首都でもあり、内陸の要衝。重工業が栄えた。長江（揚子江）に面し、運送の利便性が経済成長をもたらした。

陳敏爾が重慶の党書記として乗り込んだからには中央政府による十分な政策支援がなされ、全国のモデルとして発展するはずだったのだ。しかるに重慶市は夥しい失業者であふれ、求人率は36％ものダウン、それでも市当局は失業率が４・９％だと開き直る。重慶にも合弁自動車工場を持つフォードは従業員のレイオフを断行し、泥縄式に重慶市当局の肝いりで「求人フェア」を開催したが、出展企業ゼロという異常事態が発生した。２０１８年上半期だけ、中国全体で企業倒産は５０４万社と報じられた。

２０１９年8月、巨大ファンド「中国民生投資集団」が運転資金に行き詰まり、社債のデフォルトに陥った。とうとう「灰色の犀」が暴れ出したのである。

ＢＩＳは昨年（２０１８）8月に公表した数字で、中国の負債総額は33兆ドルとした。邦貨換算を当時のレートで行うと３７３０兆円となる。

1年後の２０１９年7月にＩＩＦ（国際金融研究所）が出した最新レポートは中国の債務は40兆ドル（４４００兆円）、ＧＤＰの３０４％とした。

中国のＧＤＰが嘘だらけで、最低でも30％の水増しがあり、対ＧＤＰはもっと大きくなるが、いまはその議論は措く。

ＩＩＦの数字では住宅投資の負債が大きくＧＤＰの54％、政府の財政支出が同51％であり、にもかかわらず中国政府は２０１９年上半期だけでインフラ投資に３１２０億ドル（邦貨換算34兆円）を廻し、94件のプロジェクトを認めた。

李克強首相はＧＤＰが６・２％に減速したことを受けて、「まだまだ強気の投資を行う」とした。そうなれば中国の負債はまたまた雪だるま式に膨らむ。そんなことはわかりきっていても、前向きに突進せざるを得ないのだ。最大の理由は家計の内訳、その特質と中間層の投資性向にある。つまり中間層の7割はすでに不動産に投資した。その投資の分割ローンが家計の7割を占める。

これが決壊するのである。共産党は、なんとしてもその最悪事態を先延ばしするために投資を続行せざるを得ないという悪性のスパイラルに突入している。

中国の学者のなかでも向松祚《こうしゅうそ》教授は「国際機関の統計は穏やかすぎる。少なくとも中国の負債は６７００兆円になっている」と数字をあげる。

個人消費に属する住宅投資はローンを組んでいるため、これらは自動的に債務勘定となる。ローン残高が２４００兆円、これに地方政府の負債が最低見積もっても３７００兆円加わる。もし不動産暴落が始まれば、収拾できない混沌《こんとん》が金融市場を襲うことになる。あるシンクタンク（米国系）の予測数字では「中国の負債は９９００兆円に達した」としている。この数字はかなり信頼のおけるシンクタンクが発表したもので朱鎔基《しゅようき》元首相の息子が絡んでいる研究報告の一説だという（拙著、石平との共著『こんなに借金大国・中国習近平は自滅へ！』、ワック参照）。

不動産市場はじつのところ凍結状態で業者には「実態価格では売るな！」という無言のお達しが出ている。

2015年の上海株式暴落のとき、中国当局はどういう措置を取ったか？

機関投資家や大手証券に保有株式を「売るな」と厳命し、さらに「悪質な空売り」は刑罰の対象にするとした。空売りとはそもそもが悪質であり、事実上の空売りを禁じて下落を防いだのだ。そのうえで証券大手に巨額をぶち込んで株価の下支えをさせた。全体主義国家だからできる市場操作、そもそも中国に真っ当な株式市場が営まれていたと考えることがおかしいのだ。

中国の真相に近い数字は香港の株式と為替を見ていればよい。国際投機筋が精度高い情報をもとに中国企業の株と人民元を売買しているからである。

当局の介入がなければ中国の不動産市場も、取引が成り立たず人工的な相場すら揺れる。資金が尽きて下落が始まればたちまち4分の1から5分の1ほどに暴落する。ま、そのあたりが国際基準でいう適正価格だが、もしそうなると無理をして買ってローンを組んでいる夥しい中間層が、反政府暴動を展開するだろう。

だから中国当局は不動産価格の下支えを強行し、取引がほとんどないのに物件が上昇していると見せかけているのである。物件を売るな、あるいは「◎◎元以上なら売ってもよろしい」という露骨な介入がされている。

現実の市況は香港市場にあり

ならば現実の相場はどこで見るか。前節でも指摘したように香港という自由市場を観察していればよいのである。

２０１９年になって、香港の不動産市場では中国からの投機資金がピタリ止まった。世界一の高値は大陸からの投機マネーだったが、それが終息したことを意味する。

公式統計で７５０万の人口が、あの狭い島々と九龍半島にひしめくため、住宅価格が高騰するのは当然だった。香港のオフィスビルは突然賃料が2倍になったりして、日本のデパートは撤退を余儀なくされた。オフィスビルへの投資に２０１５年から3年間で３９０億ドルが投じられた。儲かるからである。

2019年上半期、香港のオフィスビル投資は急激に下火となって、値崩れが始まった。2017年までに住宅投資は48億ドル、18年は37億ドルだった。高層マンションの取引が増え、次々と土地の払い下げが行われても需要に追いつけずマンション価格は東京の3倍となった。とても一般市民は住居を購入できず、中国大陸からの投機資金を恨んだ。旧啓徳空港の跡地は5区画にわけて入札が行われ、地場の香港のデベロッパーではなく、HNA（海航集団）が、そのうちの3つを落札した。

なぜ王岐山《おうきざん》系とされた海航集団が？　ところが同集団は経営が悪化し、無理やりの買収で肥ってきた財産を処分し始め、鳴り物入りの啓徳空港跡地のうちの2区画をヘンダーソンランドに売却した。住宅価格は2011年に1平方フィートが1万4000HKドルだった。2018年には最大2万3148HKドルという高値をつけた。

19年6月から開始された香港の擾乱《じょうらん》、国際空港も麻痺し、軍隊が介入の口実としかねない状況に陥るや、香港不動産を熱狂させてきた大陸からの投機マネーの撤退、売り急ぎが開始され、2019年8月現在、20%の下落を示している。

中国民営投資集団（略称「中民投」）の債務危機については金融界で常識となっていた。いつデフォルトをやらかすか。債権者は固唾《かたず》を呑んで見守ってきた。実際に2月初旬に返済期限のきた４８６億円の社債を償還できず社債市場ではジャンク債扱いだった。

中民投は２０１４年に中国の大手金融機関やファンドなど59社が出資し、不動産投資、保険、ベンチャー、通信等「将来性のある」企業に投資してきた。その資金は３％台の金利で、社債を発行してまかなった。しかし「社債」とはすなわち借金である。

中民投の社債残高は８６３４億円。このうちの５４０億円が8月2日に償還を迎えた。手元資金ゼロ、中国政府は、この金融投資集団を民間企業と見ており、救済義務はないとしているが、デフォルトをやらかすと社債市場にパニックが起こり、銀行に取り付け騒ぎが起こり、民衆に不安心理が攪拌《かくはん》して行くだろう。だから社債期限を延ばすなりしてデフォルトを避け社会不安を招来しないような措置を講じた。いずれ爆発する時限爆弾だ。

内蒙古省が拠点の「包商銀行」の事実上の倒産に対して中国政府は国家管理として、事実上救済した。山東省の恒豊銀行は省政府が救済した。もしこれらを潰していれば、不良債権過多の銀行や信用組合が中国に４００数行あるため一気に金融危機の爆発を迎えるからだ。

だが、これらの措置は市場の崩壊を先延ばししているだけなのである。さしあたっての危機は中国企業の起債したドル建ての社債であり、そのうち2兆ドル分が年内償還になる。

返済できないことは目に見えている。ではどうするのか？

米国、ついに中国を「為替操作国」認定

2019年8月5日、ついにムニューシン財務長官は「中国は『為替操作国』である」と認定した。

四半世紀ぶりに、とうとう米国は中国へ怒りの鉄拳をふるったのだ。衝撃が世界に走り、ウォール街も東京証券市場も大下落に見舞われた。ザ・シティ、香港ほかを含めて平均で3・5％の株価下落となった。

米国の突如の中国「為替操作国」認定は、為替相場で人民元の対ドル相場が1ドル＝7人民元の大台を割り込んだからだ。

トランプは2015年に大統領選挙キャンペーンを開始したときから「私がホワイトハウスに入ったら初日に『中国を為替操作国』として認定する」と公約していた。公約実現は大統領就任から2年と7カ月後になった。

その前、7月26日にトランプ大統領は、ツイッターで「世界貿易機関（WTO）が中国などを『発展途上国』として扱い、優遇措置を与えているのは不公平だ」と主張した。

同時に「もし、ＷＴＯの制度改革が90日以内に大きく進展しなければ、途上国扱いを中止する」とし、米通商代表部（ＵＳＴＲ）に通告した。ＷＴＯ加盟以来、18年を経過しており、世界第2位の経済大国になりおおせた中国が、まだ「発展途上国」あつかいを受けているのは不思議なことである。

留意しておく動きが同時に起きている。トランプ政権はベネズエラの在米資産凍結に踏み切ったのだ。

8月5日に「大統領令」を発動し、「米国内にあるすべてのベネズエラ政府資産の凍結」を命じた。中国はこの動きを見逃さなかった。いずれ中国の在米資産も凍結されるのではないか？

在米資産を秘かに増やしてきた中国共産党幹部らは在米資産凍結の報に「明日はわが身か」と戦々恐々となったのだ。

ベネズエラ制裁理由はマドゥロ政権が「市民の不当逮捕や表現の自由への介入、反対勢力弾圧などの人権侵害」を続けている事実を理由とする。政府資産凍結のほか、「米財務省が制裁指定した人物についても、資産を凍結し入国を原則禁止する」としている。

同じパターンがいずれ近未来に中国に適用可能である。

トランプ政権の次の中国制裁、おそらくこの方向で出てくるだろう。

為替操作国の「認定を受けた」かたちの中国はただちに反論し、為替操作を否定し、また市場の反応はと言えば翌日8月6日、1ドル＝7人民元台から6・9683に恢復した。翌週には7人民元台に再下落した。

中国が重視するのは香港である。じつは為替は、この香港でレートが決まるからだ。姑《こ》息《そく》な手段を中国はたびたび用いてきた。香港市場に介入するために中国が短期債権を連続的に起債しており、8月6日にも43億ドル（邦貨換算4500億円）を調達すると発表している。要するに、これで香港の為替市場に介入し、人民元を暴落から守るのである。昨年末からこの手口が繰り返されている。

華字メディアは、米国の中国＝為替操作国認定を「貿易戦争の新段階」「第2幕」と分析し、米中は「経済冷戦」に突入したと大書した。

第1に中国人民元が対ドルレートを下げれば、輸出競争力がつく。すでに中国から輸入品のほとんどに関税を上乗せしているアメリカは、人民元が下落すれば、関税分を相殺できるため、「操作」と認定する。

しかし実態は逆である。中国は人民元を無理やりにでも高いレートを維持することによって、国威発揚に繋がる愛国主義を口実に、じつは輸入代金の決済を安く抑えてきた。具体的に言えば原油、ガス、鉱物資源の決済である。人民元が高いと有利な買い物が可能だった。穀物、豚肉など中国人のライフラインを支える食料も人民元の対ドルレートが強いからこそ、強気で輸入を拡大できた。

第2に中国から流れ出した天文学的なドル資金というダークサイドがある。

人民元が自由にドルと交換できて、しかも強いとなれば、外国の土地、不動産買収も、強い人民元で買いたたくことが可能だった。あまつさえ外国企業の買収に人民元パワーが発揮できた。それもこれも人民元がドルと有利な条件で交換できたからだ。

往時の悪名高き「御三家」の「大活躍」を思い出す。

安邦生命保険はウォルドルフ・アストリアホテルなど米国の名だたる不動産を買いまくった。ウォルドルフ・アストリアホテルと言えば歴代大統領が宿泊した名門中の名門で昭和天皇が訪米された折に宿泊された。

万達（ワンダ）集団は全米映画館チェーンからハリウッドの映画製作会社にも手を伸ばした。海航集団はヒルトンホテルチェーンから有力企業にまで、その魔手を拡げていた。

2年前から、海外資産の叩き売りを始め、必死の形相でドルを中国へ環流させてきた。外貨準備が払底したからである。安邦生命のCEO呉小暉《ごしょうき》は鄧小平《とうしょうへい》の孫娘と再婚していたにもかかわらず拘束起訴され懲役12年。同社は生命保険契約者が3600万人もいるため国有化された。万達集団は欧米の資産ばかりか国内の看板だったワンダホテルチェーンも売却し、なんとか生き延びた。海航集団はあちこちにあった海外資産を売却し、従業員を解雇した。CEOだった王健《おうけん》はフランスのアルプスの崖《がけ》から転落死し、同社も事実上の国有化となった。

この御三家は氷山の一角、そこまでして海外のドル建て資産の処分でドルをかき集めても外貨準備の不足を埋められず、ドル債で調達すると「チャイナプレミアム」が上乗せされる。最低2%、不動産関連企業は18%という高利もある。

第3に中国はAIIB（アジアインフラ投資銀行）やBRICS、BRI（海と陸のシルクロード）、人民元決済圏などと言いながら、ほとんどの貿易決済は依然としてドル基軸である。ドルが調達できないと中国経済は鎖国状態に陥る。

外国企業の直接投資、香港を経由する株式投資があり、ドル準備の均衡が取れていたかに見えた。「世界一の外貨準備」と喧伝《けんでん》し、一時は4兆ドル近い外貨準備を誇ったが、いつしかドルを借り入れ、ドルで社債を発行し、それでも足りず、せっかく購入した外国債券を片っ端から売却して手元のドル不足を補ってきた。表向きの外貨準備は3兆ドルなどと喧伝しているが、もしそれだけドルがあれば、なぜ外銀からドルを借りる必要があるのか。外国送金も海外旅行の外貨持ち出しも厳しく制限され、異様なほど外貨準備の均衡に神経質となった。

それでも2018年度統計で、中国は公式的に670億ドルの外貨準備を減らした。中国の対外債権は5兆ドルあって、大丈夫、びくともしないなどと強がりを言っているが、対外債権の多くも、シルクロードが各地で工事中断、プロジェクト失敗が連続しており、事実上の不良債権化している（英語メディアは「BRI（BELT ROAD INITIATIVE）はDRI（DEBT ROAD INITIATIVE）になった」と比喩した）。

第4に中国はドルペッグ制であるため、その金融システムにおいては、ドルの増加分を人民元を印刷して市場に供給できた。つまり貿易黒字が大きければ、国内の資金供給が膨らみ、「世界の工場」と言われたときは、ドルの滞留が起きたほど。

基本的に中国はドルペッグ制である。ということはドルの収入分を人民元に交換し、その分が通貨供給として市場に流れるのである。だから貿易黒字全盛時代にはじゃかすかとドルが流れ込み、人民元は国内市場にあふれ出し、中国人はそれを真摯《しんし》に拡大再生産にはまわさず株式と不動産投機に明け暮れたのだった。

ところが、過去3年のドル不足により市場に人民元の供給が困難となると、ドルの裏付けのない人民元をごっそりと国際的には公言せずに発行して国内市場へ通貨の供給を続けた。不動産価格の維持、株式市場の無理やりの価格維持作戦、そしてハコモノ、新幹線を作り続けて人為的な好況を装うという、全体主義国家でしかできない離れ業を敢行してきた。

ドルの裏付けのない通貨発行は、専門家の田村秀男氏の計算に拠れば全通貨供給量の40%近いと言われており、この原則を人民元相場に適用すれば「適正相場」は4割安。1ドル＝9・6元程度までの下落が必要となる。つまり1人民元が現在の16円弱から9円60銭くらいに暴落することを意味する。算盤上の仮の数字ではあるが、いずれそうなる可能性は否定できないだろう。

トランプ政権の中国為替操作国認定は、表面的には関税相殺を封殺するように見えて、じつはドル枯渇状況を米国は意図的に深刻化させることに置いているのではないのか。また国際投機筋が、人民元安を仕掛けるタイミングを狙わせようとしているのではと邪推を逞しくさせてくれる。

財閥は逃げの態勢に入った

中国の海外貸し付けは5兆ドル、半分が不透明、正規の銀行業務から逸脱しており、「世界の負債総額の6％、発展途上国へ3兆9000億ドル」とドイツ有数の研究所が報告した。

この数字は筆者らの予測を超えるものだったので驚きをもって同研究所の報告書を読んだ。当該「キール世界経済研究所」といえば、ドイツ有数の経済シンクタンクである。直近のレポートが発表され、世界のエコノミストに衝撃を与えた。

「中国は2000年に5億ドルでしかなかった海外への貸し付けが、2017年までに累積5兆ドルに達しており、これは世界経済の6％を占めている」という。同研究所によれば、「中国の貸し付けは正規の手続きを取らずに行われたものが半分近くあり、全体の貸し出し残高の80％が発展途上国に貸し出され、そのうちの85％がドル建てだった」とした。この数字はBIS も、IMF、世銀も把握していないデータである。

すなわち中国の発展途上国への貸し付けは3兆9000億ドルであり、同期間の「パリクラブ」（日米欧など先進国の銀行が行いIMFに報告される）のそれは2兆4600億ドルだった。なんと中国1国でパリクラブの総額を超えていたのだ。

マルパス世銀総裁は「負債超過の国々に、不透明で、質の高くないプロジェクトに対して行われている」とし、「もっと透明性を高める必要がある」と発言した。「質の高くない」とする語彙《ごい》は「質の良い」プロジェクトで透明性の高いものには投資するとした日本の基本姿勢の反対を意味する皮肉語である。かつて米国のマティス前国防長官が「一帯一路を名目に、発展途上国が所謂《いわゆる》〝借金の罠《わな》〟に落ち込む金融が中国によってなされている」と批判したことを思い出した。

中国の対外債権の大半がいずれ不良債権化するのは時間の問題であり、4月の「一帯一路国際フォーラム」に世界30カ国の元首を北京に集めておきながら習近平の口から具体的金額の提示がなかった事実を重ね合わせると、中国のドル払底の実相が浮かんでくる。

中国のアフリカ投資は公約が600億ドル、実態は88億ドルと言われたが、過去2年間でIMFと当該国家との交渉により、中国は相当額の債権放棄をさせられたことが判明した。

中国の最大のアフリカ投資はアンゴラ（海底油田）、ついでエチオピアである。これに続きコンゴ、ジンバブエ、スーダンなどだが、たとえばエチオピアへの中国の融資額は1

３７億ドル。このうち33億ドルがジブチとの鉄道建設に廻され、すでに鉄道はアジスアベバからジブチまで開通している。エチオピアは償還期限が来ても、外貨準備がない。ジブチは担保として中国軍の軍事基地を提供している。

レアメタル、とくにコバルトの鉱山を抑えるために中国はコンゴへ25億ドルを投資した。ＩＭＦとの交渉では４億４９００万ドルの債権放棄を迫られた。カメルーンへは７８００万ドルの投資が宙に浮いた。ボツアナには７２００万ドル、ソレトへの１０６０万ドル、スーダンへの１億６０００万ドルが債権放棄となった模様だ。アフリカ全域への無謀な投資の結末は、およそ22億ドルの債権放棄となっており、４月に開催された「シルクロード国際フォーラム」において、習近平が具体的な援助数字を述べることができなかったのだ。

中国の４大国有銀行（中国銀行、中国建設銀行、中国工商銀行、中国農業銀行）の近代化は米国の支援があってなされた。

ゴールドマンサックス、ＪＰモルガンなどが大株主となって、銀行サービスの近代化、フィンテック、消費者ローン、そして学資ローン、住宅ローンなどを教えた。

他方、国有銀行ゆえに中国共産党の命令一下、とてつもなく無謀なプロジェクトへの貸し出しを強要され、米国主導の近代化へのモデルチェンジの過程で、旧態依然の国有企業への焦げ付き融資が行われていた。

不良債権が膨らむと債権機構に負債を移管し、「うちは健全経営、不良債権率は僅か1・4%だ」と豪語してきた。誰も国有銀行内部の不正、腐敗、データの腐食に関して、真剣に考えてこなかった。

金融破綻《はたん》の外的要因はドイツ銀行の経営不振から来る影響などが考えられる。ドイツ銀行は世界規模で1万8000名の従業員を削減し、贅肉《ぜいにく》を削ぐとした。2019年7月現在で赤字は3700億円に達していた。ドイツ経済のエンジンとまでいわれたが、虚像だったことになる。コメルツ銀行との合併も模索されたが、一流銀行が二流銀行に身売りすることになり、その歴史の矜持《きょうじ》からも受け入れられず、ことと次第によってはドイツ国有化が宣言されるかも知れない。

なぜ、このドイツ銀行の趨勢《すうせい》が中国経済の未来に濃厚に絡むのか。フォルクスワーゲンの中国市場におけるシェアは一時圧倒的で、合弁タクシーのサンタナばかりが街を走っていた時代があった。フォルクスワーゲンは経営不振に陥り、メインバンクのドイツ銀行が融資拡大ではなく貸しはがしに転換したため、メルケルは慌てて北京へ飛んだ、中国工商銀行から融資を仰ぐという綱渡りを演じた。メルケルが中国に対して人道、人権をめぐった口にしなくなったのはこの融資が絡むのである。

こんな事件も起きた。

２０１９年6月30日、香港一の財閥として知られる李嘉誠《りかせい》が汕頭《スワトゥ》大学の卒業式を欠席、学生は失望した。

汕頭大学は李嘉誠が財団を作り、中国教育省、広東省政府と共同で創設された大学である。ほとんどが李嘉誠財団の寄付によってまかなわれ、国際的なエンジニア養成を主目的とした。李は連続17年間、かならず卒業式に出て祝辞をのべてきた。赤マントに卒業帽子、英国の伝統そっくりのファッションで、希望に燃える若者たちを鼓舞する演説を行うのが、彼の楽しみの1つでもあった。その晴れやかな卒業式に「名誉会長」の李嘉誠は会場にあらわれず、代理役の息子のリチャードも欠席した。李は２０１８年に「名誉会長を退きたい」と周囲に漏らしてきた。

李は12歳で故郷の広東省潮州を離れ、香港へ渡った。その後の艱難辛苦《かんなんしんく》、血と汗の努力で香港一の財閥となった物語は広く知られるが、故郷への貢献も「故郷に錦を飾る」レベルを超えていた。なにしろ潮州市の町を歩くと、写真館のモデルは当時の江沢民主席ではなく李嘉誠だった。これは筆者の目撃談である。それほど広東省では尊敬を集めてきた。

汕頭大学は国際的コネクションが強く、海外への雄飛を夢見た若者が入学してきた。自由な学風があった。いつの間にか共産党の指導が濃厚となって、学長は当該大学党委員会書記が兼ね、思想面での締め付け、「愛国教育」という名の洗脳が蔓延《はびこ》るようになり、李嘉誠を大いに失望させた。

一方、李嘉誠はイスラエルのハイファに技術大学を設立した。広東からイスラエルへ、彼の夢は飛翔した。

揺れるイスラム教国

２０１９年7月、ＩＭＦはパキスタン支援の60億ドルを最終承認した。引き換えにパキスタンは改革計画（財政均衡、輸出拡大、内需喚起）を是認しなければならない。同年4月までにＩＭＦ特別チームはパキスタンと協議を重ね、支援を決定していたがＩＭＦ理事会の最終承認がなされ（7月3日）、パキスタンのデフォルトは当面避けられる見通しとなった。ＩＭＦのパキスタン救済はこれで13回目。完全なモラルハザードだが、この決定にイムラン・カーン首相より、パキスタンに６２０億ドルも貸し込んでいる北京が安堵《あんど》の度合いが深かったかも知れない。

イムラン・カーンは当選後、すぐに北京には赴かず、陸軍参謀長を差し向け「中国パキスタン軍事同盟」を確認させ、その間にサウジ、ＵＡＥを歴訪、緊急の２００億ドル融資を勝ち取った。それからカーン首相はおもむろに北京を訪問したが、追加融資の案件に中国側の明確な回答はなかった。

カーン首相は「シルクロード国際フォーラム」でも北京を再訪したが、パキスタンばかりか、どの国にも中国は援助金額を明示しなかった。この時点で、世界は中国の外貨が本当に払底したことに気がついたのだ。

ＩＭＦは今後3年間にわたり、毎年20億ドルずつパキスタンに資金供与する。

他方、中国は最貧国の１つ、バングラデシュに本格攻勢をかけ、インドを凌ぐ３１０億ドルのインフラ建設という大風呂敷を拡げた。

バングラデシュに本格攻勢をかける中国はＢＲＩ（一帯一路）を拡充するとして、「ＢＣＩＭ」（バングラ―中国―インドーミャンマー経済回廊）構想を打ち上げた。

２０１9年7月5日に北京を訪問したハシナ（バングラデシュ首相）を厚遇し、９つの合意文書に署名した。とくにインフラ建設協力では電力発電所、道路建設、農業支援などのプログラムを含み、総額３１０億ドルになるそうな。

かつて習近平は宿敵インドを訪問し、２００億ドルの投資を約束した。モディ首相の出身地であるグジャラード州にも足を運んで、中印友好を演出したものだった。その後、約束は果たされず、実行されている案件はほとんどない。アフリカ諸国には３００億ドルを2回、約束したが、実行されたのは88億ドルだった。大風呂敷を拡げるのが得意な中国は大言壮語だけなして後日頬被りする癖があるが、バングラデシュに対する構想は、インドのバングラ支援を超える巨額である。リップサービスだけでもインドを牽制《けんせい》しようとする計算があまりに露骨である。

バングラは産油国ではないが、人口大国。したがって人件費が安いので、夥しい中国のアパレル企業が進出している。そのうえ南のチッタゴン港近代化工事を中国企業が請けおい、またミャンマーから移動してきたロヒンギャの避難民援助に中国は２５００トンのコメ支援を約束した。貧困なバングラデシュに隣国ミャンマーのラカイン州から流れ込んだロヒンギャ難民は70万人！　この救済と保護のために世界に支援を呼びかけている。

ミャンマーへの最大援助国である日本はティラナ港整備と工業団地を完成させ、すでに数百社の日本企業がミャンマーに進出している。

首都ヤンゴンには日本食レストランがあちこちに出来た。対照的にバングラデシュに進出した日本企業は数えるほどしかない。

中国が敵国インドをＢＣＩＭプロジェクトに加えているのは地政学的見地から眺めると

すぐに了解できる。

ミャンマーとバングラの国境は南側のごく一部でしかなく、北東部はインドと国境を接している。バングラはインドに三方を囲まれる形で、前面は海。したがってインドの保護国と言っても過言ではない。

謂わば南アジアの空白地帯であるバングラとミャンマーに対して、ＢＲＩの一環として中国はＢＣＩＭプロジェクトを提示したことになるのだが、いつものように約束は間もなく反古になるだろう。


中国のシルクロード構想の壮大さを考えると、15世紀の鄭和《ていわ》艦隊のことを思い浮かべてしまう。

大艦隊を編成し、合計7回、世界の海に出て遠くアフリカまで遠征した、あの輝かしい大中華の夢は儚《はかな》く消えて、明《みん》の永楽《えいらく》帝なきあとは突如鎖国に転じた。つまり中国の獅子吼《ししく》するシルクロードはいずれ鄭和艦隊の消滅のように終わりを告げるのではないのか。

それでも習近平は直近のものごとしか見えず、世界に孤立するイランに対しても異常接近をなしてきた。

米国のイラン制裁以後、イランは1日40万バーレルの原油積み出ししかできなくなって、100億ドルの収入が蒸発した。経済は停滞から極度の落ち込み、庶民の生活苦、そのうめき声が聞こえる。仲介に乗り出したのは日本だった。2019年6月12日、安倍首相はテヘランでロウハニ大統領と会見した。安倍首相はおそらくなにがしかの勝算があって、テヘランに乗り込んだのだろう。イラン上層部の意見を聞くだけなら「トランプのパシリ」とからかわれても仕方がない。そんな損な役割のために特別機を飛ばしたのか？　何か密約が存在するのではないか。

この疑問を率直に呈して報じたのは、イスラエルのメディアだった。米国のメディアは安倍イラン訪問をほとんど無視している。アジアで安倍外交を報じているのはインド紙くらい。しかしカタールの「アルジャジーラ」はさすがに大きく報じ、あれこれと日本の思惑を詮索《せんさく》した。

米国は2017年にオバマ政権が結んだ「イラン核合意」から離脱し、19年5月にはイラン原油輸出を事実上阻止する制裁を課した。日本はイランから相当量を輸入してきたので代替地捜しに懸命だった。

安倍・ロウハニ共同会見では、「前向きに話し合いがあった」としたが具体的な内容には触れなかった。イランは「緊張激化の原因は米国であり、われわれは戦争を望まないし、もし米国が制裁を解除すれば中東に劇的で前向きな変化が起こるだろう」と、冷え込んだ米国との関係改善をひたすら禁輸解除が突破口だとした。

現地「テヘランタイムズ」によれば、安倍首相は「平和と安定はこの地域のみならず世界平和に貢献するものであり、日本は最大限の努力を惜しまない」とし、緊張緩和を力説したこと、また日本の首相訪問は41年ぶりだが、安倍首相自身は個人的に36年前に父晋太郎が外相時代に随行員としてテヘラン訪問の経験があること、日本とイランの文化的繋がりは長い歴史があることなどを報じた。

ところが安倍首相訪問中に、日本のタンカーがホルムズ海峡でミサイル攻撃を受けた。革命防衛隊の仕業とされるが、トランプ大統領はつめたく「自国のタンカーは自国で防衛するべきだ」と言い放った。

底をついた「ドラゴン・マネー」

マレーシアの「パイプライン」プロジェクトから40億ドルが消えていた。

奇妙な事実経過はナジブ前政権がケイマン諸島へ送金していた事実だった。前々から怪しいといわれたこのプロジェクトはボルネオのサバ州から６６２キロの海底パイプラインを敷設して、マレー半島の東海岸までガス輸送を行い、その工事は中国石油の子会社「中石パイプライン・エンジニアリング」が行う。中国はこれを「シルクロード」プロジェクトの一環と宣伝していた。新幹線工事と併せて合計230億ドルという途方もない資金が、無駄なプロジェクトに投下されようとしていた。「トランス・サバ」と名付けられたパイプラインの工事はナジブ政権時代の親中路線による積極姿勢が導き出した。「2016年に開始され、2018年9月の正式のキャンセル決定までに13％の工事が完了していた」（「ストレーツ・タイムズ」2019年7月15日）。

しかもマレーシアは80％の資金を「前払い」していた。総額30億ドルもの大工事を延べ払いではなく、一括して80％も支払ったという「気前よさ」！

このカネはHSBC（香港上海銀行）のマレーシア支店口座から、ケイマン島へ送金されていた。明らかな資金洗浄である。

ナジブ前政権はこのプロジェクトを含む資金調達のため総額60億ドルの財団（1MDB）を設立して投資資金をつのり、カタール、ドバイなど産油国のファンドが応じていた。1MDB疑惑は当時からマレーシアで騒がれていたが、マハティールの逆転勝利の選挙までナジブ前首相の逮捕は行われなかった。

スキャンダルの浮上にともない、ドバイ、カタールなどの投資グループは、資金返還を求めて米国の裁判所に提訴した。なぜなら、前述60億ドルの起債幹事はゴールドマンサックスであり、同社は起債手数料として６億８０００万ドルという法外な手数料を手にしていたからだ。また１ＭＤＢの口座からは60億ドルのうちの45億ドルが蒸発していた。これは国家財政を食い物にした金融詐欺にあたる。

７月15日、マハティール首相は記者会見し、「総額23億ドルの工事費の80％、およそ20億ドルが支払われたのに、工事は13％しか完成していない。残り部分に相当する金額は返還してもらう必要がある。とりあえず、ＩＭＤＢ口座にある残金２億４３４０万ドルを差し押さえた」と発表した。

ミャンマーにおける中国のシルクロード、まるで進捗していないことが判明した。

ミャンマーの民衆は「中国、出ていけ」の抗議行動を本格化させた。

ミャンマーの西海岸に細長く拡がるラカイン州のチャウピュー港を近代化し、一帯を工業特区として工業団地、大学、病院、保税倉庫などの一大工業地帯とするプロジェクトを中国は提案した。ロヒンギャ問題で世界に孤立を深めていたスーチー政権は、中国の提案に飛び乗った。なにしろ民主化のシンボルとして称賛し、ノーベル平和賞まで与えた西側メディアが連日のようにスーチー批判に転じたのだから、スーチーは孤立感に苛《さいな》まれていた。救いの手が北京からさしのべられた。

中国の野心はスーチーを「借金の罠」に嵌《は》めて、チャウピューを99年の租借として軍港化することにある。アンダマン海に突き出したインド洋を扼《やく》するこの港は軍事的価値が高いからだ。

習近平はニコニコと作り笑いを浮かべながらスーチーと握手し、まずは地域の環境、地理の精査に乗り出し、あちこちに大看板を立てて事務所ビルも建てた。げんにこのチャウピューからミャンマー国土を横断し、中国新疆ウイグル自治区カシュガルへのパイプラインは繋がっており、ガス輸送が行われている。

筆者は現場でパイプラインを探したが、地中に埋められているので、雇用した運転手の指摘があるまでわからなかった。

かつてティンセイン政権時代、ミャンマーはミッソンダム建築を認めたが、発電される電力の90%が中国へ送電されることを知って怒り心頭、工事途中でキャンセルした。このことで、両国関係は急速冷凍のように冷え切った。突然の和解の契機となったのはロヒンギャ問題だった。

70万余のムスリムがミャンマーを追われて隣のバングラデシュに逃げた。国際的に孤立したスーチーに、習近平はシルクロードの一環としてのプロジェクトを持ちかけた。ミャンマー政府は飛びついた。

だが、スーチーのアドバイザーで豪の経済学者でもあるシーム・ターネルが「スリランカがどうなったかを見てください。借金の罠に嵌って、ハンバントタ港は99年の租借とされたではありませんか」と助言した。

当初提案されたプロジェクトは75億ドルだった。直近でミャンマー政府は13億ドルに予算を削減した。

プロジェクトの中止にはまだ至っていないが、中国にとって展望は暗く、ミャンマーにとっては借金の罠におちなくて済むから明るい展望が拓けた。

遠くアフリカのタンザニアでも中国排撃の動きが出た。

マグフリ大統領は中国が提案してきたバガモヨ港の近代化工事提案をバカげているとして蹴飛ばした。

「狂人でも受けられない条件を示した」というのが峻拒《しゅんきょ》理由で、なぜなら中国が提示したのは33年の抵当権設定、99年のリースだったという。

タンザニアにはすでにダラムサレム港に恵まれ、この港湾規模を3倍にする工事が始まっている。中国が提案する港湾建設は既存の港の機能さえ奪いかねず、拒否するのは当然だろう。

世界のファンドにはカネが唸っている

一方、世界はカネ余りなのである。

コールバーグ・クラビス・ロバーツ（ＫＫＲ）、ブラックストーンなど禿鷹ファンドに集まる買収資金は、Ｍ＆Ａ（企業合併、買収）という強欲資本主義の象徴だが、お金が集まりすぎで投資先の選定に時間がかかり、待機資金が２６０兆円もある。

孫正義ファンドは英国のＡＲＭ（アーム）などに5兆円を投じたが、はたして買収資金は、当該企業の経常利益の10倍が平均と言うから、ハイリスクハイリターンの投機（スペキュレーション）であって、決して資本主義の基本である投資（インベストメント）ではない。

一方、日本企業はバブルに懲りて不動産投資をやめ社内留保としている。このカネが４６６兆円前後もあって、有効な投資には使われていない。石橋を叩いても渡らない邦銀は安定的かといえば、国際的投資環境の激変を前にして、危機が一杯なのである。

貸出金利は史上最低（ちなみに7月20日現在０・５７８％）、経済の血脈である金融がなりたちにくく、おまけにビットコインなど暗号通貨が流通し、銀行はますます利用者が減る。ＡＴＭは世界的に激減している。最初はフィンテックで銀行経営の合理化がいわれ、その基軸だったＡＴＭは設置費用、維持費に比べると利用手数料ではまかなえなくなり、あまつさえ三菱ＵＦＪ銀行も、みずほ銀行も営業店舗を減らす。キャッシュを持ち歩かない利用者が、スマホで決済を済ませる時代となって、銀行の存在そのものを圧迫しているのだ。

ＧＡＦＡ（グーグル、アップル、フェイスブック、アマゾン）への締め付けが欧米間で進んでいる。

ＧＡＦＡは国境を無視したかたちで国際的なＳＮＳの拡充、送金の自由、手数料の低減などを実現してきた。その一方で、ハッカー、サイバー犯罪を助長し、テロ組織への資金供給のネットワーク構築にも結果的に協力することになった。自由主義経済システムから生まれたビジネスモデルが西側の安全保障を脅かす脅威となったのである。歴史のアイロニーである。

主要国首脳会議（Ｇ７）でまっさきに協議されている課題はＧＡＦＡの「課税逃れ」対策である。

「節税」と「脱税」は区別されるはずだが、ＧＡＦＡの税金対策は徹底していて、４社で

74兆円もの売り上げを誇りながら、巧妙な手口で本来収めるべき税金を逃れてきた。GAFAが法源として弁解・活用したのは、営業の「拠点」が恒久的施設（PE）でなければ、課税対象とはならないという法律の穴をつき、たとえばアップルは税率の低いアイルランド子会社を利用、グーグル日本支社は本来日本に申告すべき広告収入を法人税率が約半分のシンガポール子会社との間での広告契約として節税していた。

G7では、GAFAの課税逃れを見逃さず、先進国が一致して共通ルールによる課税強化策を講じるという方向は出たが、フランスが強く反対して、先へ進んでいない。ともかくG7が危機感の共有で認識を共有したことは事実である。

G7各国は安全保障上の共通の利害を共有できても税金では対立する。2019年7月10日、フランスは米国との事前協議なしに「デジタル課税法案」を議会通過させたため、税収が減ることになる米国が激怒した。

同月17日からフランスで開催された「G7中央銀行総裁、財務相会議」では、この課税問題を集中的に議論したが、まとまりがつかなかった。就中《なかんずく》、フェイスブックは問題視され続けてきたデジタル企業であり、規制強化の方向性はワシントンで明確に出ていた。法律制定には公聴会や専門家のパネルを重ねる必要があり、実際の規制強化には1年以上の時間がかかるとされる。

２０１８年3月にフェイスブックから８７００万人分の個人情報が漏洩したため、司法省が調査してきた。西側のコンセンサスはプライバシー保護であり、司法省の調査を待って米連邦取引委員会が制裁金を課すことになる。制裁金は５４００億円相当になると予測されている（すでにフェイスブックは、制裁金を予測し積立金を準備中である）。

フェイスブックの仮想通貨「リブラ」の脅威

次なる難題はフェイスブックが発行を予定している仮想通貨（暗号通貨）の「リブラ」をめぐる意見衝突である。

フランスは「通貨主権が侵される怖れが高く、金融システムに深刻な悪影響がある」と根底からの疑念を表明した。ムニューシン米財務長官も「国家安全保障上問題が多い」とＧ７で発言した。この文脈から見えてくるのは中国対策と同義語である。

フェイスブックは飛び抜けての親中企業として有名である。なにしろＣＥＯ夫人は中国人。マーク・ザッカーバーグは何回も中国に通うほどに、依然として中国の巨大なマーケットを狙っている。

フェイスブックは世界で27億人が利用している巨大デジタル産業だが、個人情報の漏洩というスキャンダル、そして選挙介入の「前科」があるため、米国議会の多くは「フェイスブックは危険である」と批判してきた。

「リブラ」に中央銀行が反対なのは多くの理由がある。

暗号通貨で決済が可能となれば請求書や振り込み手数料が軽減されるものの、それはドル、ユーロ、円などの資金需要を減退させる。究極的にはドル基軸体制が破綻する。

第1に通貨発行、通貨供給量を決めるのは各国の中央銀行の裁量であり、架空のデジタル通貨が出回ることは経済主権が侵されるばかりか、国家そのものの存在が問われる。独立国家としての主権が脅かされるからだ。

第2にマネーロンダリングに使われることは明らかであり、監視網がさらに必要とされる。監査を強化すれば、資金洗浄の手口はますます高度化するといういたちごっこが現状だが、銀行を経由しない送金が可能となれば、まともな監査もできなくなる。

第3にテロリストへ資金が流れる可能性を否定できないことだ。犯罪行為への送金も可能であり、言ってみれば暗号通貨「リブラ」発行という行為は、国境をなくすのではなく国家を破壊する過激グローバリズムの権化と認識されるからだ。

トランプ政権がリブラ阻止に向け迅速に動いた。明確な行動目的を掲げて議会も動き出した。もとよりＦＲＢは反対の急先鋒《きゅうせんぽう》だ。そのうえ米国はリブラが国際的に流通する前に厳しい規制をかけ国際的な包囲網を形成する方針である。

英国でもカーニー（イングランド銀行総裁）は、「資金洗浄対策が不安定で、事業開始は認められない」と発言している。

７月16日には米上院銀行委員会が公聴会を開催し、フェイスブック幹部を呼んで、以下の問いかけを行っている。すなわち「マネーロンダリング対策は万全なのか」「集めた個人データをフェイスブックのサービスに流用するのではないか」「なぜフェイスブックは米国を避けて、このリブラの拠点をスイスに置くのか。課税逃れではないのか」など。

対してフェイスブックのデビッド・マーカス副社長は「そもそもリブラはフェイスブック主導とはいえ、マスターズ、ビザ等クレジットカード会社など28社が参加する『リブラ協議会』のような多国籍企業であり、本拠をスイスに設置するからにはスイス当局（スイス連邦金融市場監督機構）の監査に従うし、米国の規則に従う」と明言した。

だが、いまの法体系では独禁法適用しかなく、銀行ではないフェイスブックのビジネスモデルを規制する法律はない。日本も同じ状況だが、大手ＳＮＳの言論空間では保守的な意見を書き込むとネットから削除される。このような世論操作的な行為が頻繁に組織的に行われており、グーグルやフェイスブックの言論操作、フェイク情報の垂れ流しはかねてより問題視されてきた。

米国の包囲網形成には欧州と日本が同意を示しており、過去の多くの情報漏洩、個人データの売却ならびに詐欺事件の頻発など、その暗い「実績」を前にすれば日米欧が、ことのほかフェイスブックに慎重に、否定的になるのは当然と言えるだろう。トランプ大統領は「フェイスブックのリブラは信頼性がない。銀行規制を課すべきだ」とし、パウエルFRB議長も「消費者保護で深刻な懸念を払拭《ふっしょく》できない」と牽制した。またウォーターズ下院金融委員長は「国家安全保障の観点からも開発を一時中止せよ」。上院のタカ派テッド・クルーズ議員は「反トラスト法に触れる深刻な問題である」。

「議会と政権が珍しく共闘を演じるのはリブラと中国問題だ」とある議員は批判のトーンを高め、「いっそのことリブラ解体が望ましい」とする。そしてIMFは暗号通貨に関しての報告書をまとめ、金融政策の機能喪失の懸念、マネーロンダリングの怖れに加えて、銀行業務の縮小懸念をあげた。

以上見てきたようにリブラに関してはフェイスブックだが、ほかにも議会公聴会にはアマゾン、アップル、グーグルの幹部が召喚され、独占禁止法抵触、機密情報漏洩、データの流用懸念などについて執拗に質問を浴びせた。

トランプ大統領は7月16日に「グーグルと中国の関係」、つまりグーグルが中国軍に協力している疑惑に対して調査を命じた。

第4章

リアルウォーに備えはあるのか

中国の「空母キラー」と「グアムキラー」

中国の軍事的脅威は強まる一方である。

米空母打撃群をグアム以東へ遠ざけるという中国の軍事戦略は、ミサイル網の拡充でかなりの効果をあげ始めている。

2019年6月と7月に数回行われた中国のミサイル発射は南シナ海へ向けて行われ、ペンタゴンは戦略的再考を余儀なくされた。そのうえ中国海軍は、米英仏の「自由の航行作戦」に対する嫌がらせを展開しており、牽制もしくは軍事威嚇と考えられたが、米軍の分析では相当深刻な「脅威」という評価に変わった。

初夏に発射されたのは「DF21」と「DF26」だった。少なくとも一発が標的に命中した。中国はスプラトリー（南沙諸島）以北、そして海南島周辺に6月29日から7月3日まで「飛行禁止空域」を設定していた。

DF21（東風21）を艦船の攻撃用に改良した中距離弾頭ミサイル「DF21D」は射程1500キロを飛翔し、江蘇省、広東省の基地から発射された。これが通称「空母キラー」だ。

米軍はこれまでロシアとの間に締結したミサイル削減、廃棄条約などによって、この中距離弾道ミサイルを保有できなかった。

中国を有利にするだけのＩＮＦ（中距離核戦力全廃）条約をトランプ政権が破棄したことにより、早速、米国は8月19日には中距離ミサイルの発射実験を行い、成功させた（中国のＤＦ21Ｄは世界唯一の対艦攻撃弾頭ミサイルだ）。

ＤＦ26（東風26）は「グアムキラー」と呼ばれ、中国北西部の基地から４０００キロを飛翔し、核弾頭装備が可能。ただし巡航ミサイルではないので、命中精度は悪く、それゆえに付近を航行する航空機、船舶にとっても危険である。

迎撃システムは各種迎撃ミサイルを保有しているものの、中国側の作戦は猛烈な数を矢《や》鱈《たら》滅法に打ち続ける戦法ゆえに、西側が防御態勢を強化し完璧を期そうとすれば、グアム以東へ引き下がらざるを得ない。とくに米国海軍の空母打撃群が有効に活用できなくなる不安が拡がるのだ。

しかし中国には別の側面がある。

それは中国史４０００年変わることのない腐敗と汚職、軍人の不誠実、そして軍事クーデターを狙う野心家の存在。そもそも習近平は軍をほとんど掌握していない。

その典型的な伝統は「督戦隊」という体質、日本人は想像できない醜悪な軍の性格がある。

異文化との接触のなかでも、これほど日本兵士に衝撃をもたらした戦法はなかった。つまり督戦隊という闇の存在である。敗走する自国軍兵士を容赦なく攻撃し、殺害する闇的な部隊、それが中国の伝統的な兵法である。

日本の武士道には、このような残酷で無慈悲で非人道的な戦術を選択することはなかった。

泥棒が逃げるとき「泥ボー」と叫んで、あたかも犯人を追いかけるようにしてシナ人の泥棒は逃げる。凶悪殺人強盗の犯人は、逃げるときに他人を犯人だと言い張る。だから南京大虐殺、七三一部隊とかフェイクをでっち上げての逆宣伝ができるのだ。

以下は別所一郎『復刻版　督戦隊』（ハート出版）の一説である。

「支那という国は、我々日本人の眼から見て、想像に絶したことの平気で行われる国である。（中略）『督戦隊』という制度組織である。第一線に立って、始終生命の危険におびやかされ、対敵行動をとっている友軍の背後にあって、機関銃、小銃、迫撃砲、ありとあらゆる武器をその背中に突きつけ、さァやれ、さァやれ……と叱咤激励している、日本なぞでは絶対に見ることの出来ない特殊軍隊の存在である。そして、いざ敗走と見るや、遠慮会釈もなく、その自らの血肉同胞に向かって機銃の掃射、小銃の一斉射撃、手榴弾の雨を、これでもか、これでもか……と、その鼻面の向きの変わるまで叩きつける。また彼らのあるものは、自らの退却を安全ならしめんがために、戦友の一部を塹壕《ざんごう》に、トーチカの中に、鎖つなぎにして敵の攻撃に備えしめ、自らは尻に帆をかけて逃げ出す、等々、我らの貧弱な頭では想像することも出来ないような芸当を平気でやってのける。（中略）彼ら支那人の民族性の中には、それから軍隊組織の中には、大雑把にいま述べた残虐性と利己主義的性格のほかに、さらにその特殊組織のほかに、想像以外の複雑多岐を極めた派生的現象が、今次事変を通じて至るところに展開されている。しかもそれら現象は、生きた軍隊と民衆の生活の中にだけ見られるものであって、日本軍によって占領された灰燼《かいじん》の中には、その一片すら見出せないものである。もしあったとすれば、それこそ砂漠の中のダイヤモンドである」

対極的なのは日本軍兵士だった。

硫黄島の栗林中将は有名だが、中川州男《くにお》・中将（戦死時は陸軍大佐、二階級特進）の名はそれほど語られることはなかった。特攻隊生みの親となった大西瀧治郎に比べても中川の名は知られていない。

中川州男は肥後の武士の裔だった。祖父・千前《ちさき》は500石取り、父親の文次郎は10代ではやくも伝統的な国風思想に開眼し、敬神党に属した。16歳で西南戦争（明治10年）に参加した。維新後の貧窮を祖父は私塾経営で乗り切った。いかなる困窮にも堪える力が明治時代の日本人にはあった。普遍的な風景でもあった。

この血統こそはもっとも重要な中川州男・中将の学識と人格形成の根幹をなした。なぜなら敬神党とは「神風連の乱（明治9年）」を引き起こす国学者の集まりであり、その神風連が西南戦争の導火線となったからだ。一家は明治8年に玉名へ引っ越しているため父の文次郎は神風連の乱に参加できなかった。その精神的負い目が西南戦争に志願し、反・新政府の側に立つことを選択することになった。

明治維新政府は教育にことのほか力を入れた。前途有為な青年を育て、日本をなんとしても西欧列強の侵略からまもらなければならないという歴史的使命が国家に漲《みなぎ》っていた。だから日本は敗戦必至といわれた日清・日露戦争に勝利できた。背景に国民の団結と精神の紐帯《ちゅうたい》が強かったからである。

州男は自ら軍人となる道を選んだ。神風連の血が呼んだのだ。

早坂隆『ペリリュー玉砕　南洋のサムライ・中川州男の戦い』（文春新書）によれば、

概略は以下のようである。

大東亜戦争の敗因は敵の情報を事前に的確に把握できず、また学校の成績がよいというだけの理由で、戦争の修羅場の経験もなく、現場を知らないエリートが机上で作戦を立てたことに主因がある。ペリリューの戦死者、じつに1万0022名。生き残りは僅かに34名だった。本土攻撃を1日でも遅らせるために「鬼神」となって日本兵は戦った。米軍の上陸が予測される前に、住民はパラオ島に避難させた。そのうえで中川は島全体の洞窟を利用して地下の連絡網を構築した。用意周到に待ち伏せ作戦を敢行した。

ペリリューは南北約9キロ、東西に約3キロの珊瑚礁が隆起してできた島である。最初にペリリューを視察した中川は、その防備のなさに唖然となった。どうやって米軍をここで迎え討つのか？　地下壕を掘って島全体を要塞化するという設計思想たるや、みごとなものだった。3日で落とせると豪語した米軍は、74日間の死闘を強いられ、米軍の犠牲もまた夥しかった。米海軍の指揮をとったのは、ニミッツ提督、そのうえの司令官はマッカーサーだった。

後のベトナム戦争で抵抗作戦の激甚ぶりを発揮したベトコンが、これを真似て米軍を散々苦しめたように、中川はペリリュー島を地下要塞のようにして備えたのだ。

中川州男は成果の少ない「バンザイ突撃」を禁止し、飢え、伝染病、湿気と戦いながら、米軍の猛攻に対応した。激戦が終わり、戦争も終わり、戦後の日本はＧＨＱに洗脳された軽薄な人たちによって軍人は貶《おとし》められ続けた。だが、関係者と遺族は黙々として慰霊、遺骨の帰国作業に没頭してきた。戦後70年を経て、ようやく天皇皇后両陛下の慰霊の旅が実現し、パラオの島民はご訪問を歓迎した。各地で鎮魂の行事が営まれ、軍人の名誉が回復された。

だが、まだ２２００柱以上の遺骨が祖国に戻れない状況にある。理由は「不発弾の危険性から二百近い地下壕や洞窟が閉鎖されている状態だが、パラオ政府は今後、それらを開放して遺骨収集に協力する」。

ことほど左様に日中の軍隊の性格は百八十度異なる。

目も当てられない中国軍の腐敗

２０１９年7月4日、上海法院は空母建造に関して多額の賄賂を受け取ったばかりか、機密を米国の情報筋に漏洩したとして、大幹部だった孫波《そんは》に懲役12年、罰金80万元（邦貨換算１２８０万円）を言い渡した。

情報筋は孫波への判決を「死刑」と予測していたため（スパイ行為は中国では死刑が常

識)、「あまりにも軽い」と批判がおきた。

起訴状によれば、孫とその夫人は業者らから840万元(邦貨換算1億3400万円)の賄賂ならびに物品を受け取り私服を肥やした。そのうえ空母の機密を米国情報部に流した疑惑が持たれ、18年6月から拘束されていた。同時に系列の731研究所所長のジン・タオ(音訳不明)らも拘束された。

孫波は大連科技大学を1982年に卒業し、中国造船集団の子会社「大連船舶重工業集団」に入社、その後、辣腕《らつわん》を発揮し、またたくまに出世階段をのぼって4年前に社長のポストに就いていた。

中国初の空母はウクライナから輸入して10年かけて改良を加え、実験航海段階を経て直近では空母打撃群をともなってハワイ沖に現れた。しかし事実上の中国初の国産空母「001A」は7回の実験航海を経てドッグ入りした。情報筋は燃料が5日間で切れるため、とても空母と呼ぶようなシロモノではないと評価している。

軍関連の汚職摘発は続発しており、軍需産業のメッカ四川省成都では、かなりの軍幹部、軍需産業経営者らが汚職、機密漏洩で起訴されている。

中国の武器近代化は主としてロシア製の輸入によってなされ、中露蜜月が高らかに唱えられたが、実態は大きく異なる。

ロシアにとっても中国の軍事行動は不快なのである。というのも中国は北極圏の「氷上シルクロード」へ国産の砕氷船「雪龍2号」を投入したからだ。

上海の造船所で「雪龍」2号のお披露目があった。1号は1993年にウクライナで製造された砕氷船で、中国が購入した。2号は、中国の国産品だと自賛している。全長122メートル。1万4000トン、乗組員99名。2カ月間の無寄港航海が可能という。

中国は北極圏ルートの開拓を「氷上のシルクロード」と標榜《ひょうぼう》しているが、警戒しているのはデンマーク、カナダ、ノルウェイばかりか、ロシアである。先頃もロシアは潜水艦が北極圏を通過するときは海中から浮上を義務づけ、45日前の届け出を必要とする旨、公表した。

グリーンランドを領有するデンマークがもっとも神経質で、中国からの開発提案を拒否した。グリーンランドには米空軍基地が置かれている。トランプはこのグリーンランドの購入を打診した。

一説に地球温暖化で溶け出した氷面積はメキシコの総面積に匹敵する等と言われるが、氷が溶けたことによって砕氷船の航行は比較的有利となる。中国は資源探査、海底調査などを目的に科学者、地質学者、天候専門家など50名を乗り込ませ、年内に雪龍2号を就航させるとしている。「あくまでも商業用の距離短縮に繋がる」と言い張る中国に対して、西側は一貫して軍事利用を懸念している。

だがロシアも中国の北極ルートへの進出に異様なほど神経を尖らせる。中国への不信感は氷の上でも高まった。

日米安保条約が破棄される日

アメリカ軍関係者の間でも、日本に関与している高級将校や研究者などの間では「日米安保条約」の第5条がNATO条約の第5条と違って防衛義務を定めたものではないことは常識である。

そのような単純明快な事実は日米安保条約とNATO条約の条文を読めば明白である。日米安保条約第5条には「各締約国は、日本国の施政下にある領域における、いずれか一方に対する武力攻撃が、自国の平和および安全を危うくするものであることを認め、自国の憲法上の規定および手続きに従って、共通の危険に対処することを宣言する」との規定がされている。

一方、この部分に対応するNATO条約第5条には、「条約締結国（1カ国に対してでも複数国に対しても）に対する武力攻撃は、全締結国に対する攻撃と見なし、そのような武力攻撃が発生した場合、全締結国は国連憲章第51条に規定されている個別的自衛権または集団的自衛権を行使して、北大西洋地域の安全を回復し平和を維持するために必要と認められる軍事力の使用を含んだ行動を直ちに取って被攻撃国を援助する」と記載されている。

このようにNATO条約では全ての締約国が「防衛義務」を共有することが明記されているのに対し、日米安保条約には「アメリカは個別的自衛権または集団的自衛権を行使して、日本に対する軍事的支援を含んだ行動を直ちに取って日本を援助しなければならない」といった趣旨の文言はまったく記されていない。

その代わりに「アメリカの憲法上の規定および手続きに従って対処する」との趣旨が明記されている。具体的には、日米安保条約第5条発動に相当する事態が生起した場合、アメリカ合衆国憲法第2条（大統領の権限）ならびに「戦争権限決議」（日本では「戦争権限法」と呼ばれている）などに従って対処するということになる。

「軍にとって何よりも必要なのは、その正統性であり、その要員である。自衛隊を軍隊と呼べぬ國、戦死した兵士の補償が附かぬ國、そんな國がどこにあるのか。日本が軍事大國にならぬことを、アメリカに説得できない、或はそれを説得したがらない政治家によって、眞の安保条約が成立する筈がない。たとへそれが成立しても、アメリカにそれだけの余力がなければ、日本を見捨てるであらう。さうなったら、さうなったで仕方がない。が、それだけの覚悟は持つべきだ」（福田恆存著『問ひ質したき事ども』）

日本人はもっとも不得手とする安全保障論議を避けようとしてきたのではない。関心が薄いのである。

選挙で「あなたは何を基準に投票しましたか？」と世論調査をすれば「社会保障」「年金」「保険」「福祉」「教育」、そして「消費税」であって、防衛とか改憲とかを判定基準とする人たちのあまりの少なさに呆然となる。

まるで中国とは正反対である。

CCTVも人民日報も環球時報も、朝から晩まで国家、愛国、国防、党の団結であり、生活保護、保険、社会保障、環境などの議論は何ほども目立たないではないか。

米国とて「ミンシュシュギ」と言ってもWINNER TAKES ALLの世界、反対意見は切り捨てる。この点でのみ、中国と似ている。トランプ大統領が「国防費を増やそう」と言うだけで、国防予算は8兆円も増える（日本の防衛費は5兆円）。

「おれは国務省が嫌いだ」と言うだけで、国務省予算はばっさりと削減された。もっとも国務省をヒラリー商会にしたのはオバマ政権の責任だが……。

日本ではＷＩＮＮＥＲ ＴＡＫＥＳ ＳＭＡＬＬである。

つまり与党は野党の意見を多く取り入れる。これが日本型の和を以て尊しとなす、まつりごとの基本である。

日本は縄文時代の１万年、徳川時代の３００年、泰平だった。幕末まで国家論も国防論も、日本人は考えなくても生きてこられた。突如、嵐に遭遇すると、日本人は大和魂を思い出し、国学の復興をみるが、緊張緩和の時代がくると重要な課題を忘れるという特性がある。

だからトランプが日本の核武装を容認し、安保条約の廃棄を言い出したことはペリー来航に匹敵する衝撃になる。だが、目の前の現象しか日本のメディアは見ていない。危機と平和が表裏一体であることにまだ気がつかない。おそらくこのような民族の特質は未来永劫変わらないのではないか。

アメリカは一枚岩ではない。

パンダハガーが進歩的でリベラルな学風を誇るハーバード大学に残存しており、そればかりか彼らがアメリカの一部の世論をリードしている。ハーバード大学での議論では中国観の根底に流れる考え方がわかる。世界のエリートがいかなる議論をしているか、国際関係論では親中路線を突っ走るエズラ・ボーゲル教授らパンダハガーが議論をリードし、学内政治も牛耳っているという実態。中国人留学生らは共産党統一戦線部の指令にもとづいて、その周りを囲んでいるという怖ろしい現実がある。

結果的に彼らが中国の影響力拡大の一翼を担う第５列であるという自覚がない。だから国際政治学の泰斗ミアシャイマーはいたたまれなくなってシカゴ大学へ移った。パンダハガーと見られていたデイビッド・シャンボーは親中路線を修正し、パンダ批判組に合流した。シャンボーは「全体主義体制の続く限り、中国は後退し、萎縮、崩壊する」とした。

外交というのは、軍事力と情報力の両輪で成立する。核の傘に守護された日本は、アメリカが中国を敵といえば、自動的にその国は日本の敵になる。

国際政治ではパワーというのは軍事力ではなく核兵器を意味する。残置諜者をスリーピングエージェントなどというのは国際政治の常識だし、日本には徳川時代にまで忍者の「草」がいた。じつに戦国時代のほうが、日本のインテリジェンス感覚は鋭敏だった。

『言ってはいけない!?　国家論』（渡部悦和、江崎道朗共著、扶桑社）のなかで、次の指摘がである。すなわち岸信介政権まで戦前の岩畔、藤原機関の生き残り、中野学校の生き残りがいたので、アジア情勢は彼らのアンテナから精度のよい情報がもたらされた。

渡部　「日本にもインテリジェンスのノウハウがありましたが、現在と終戦以前との間に断絶があります。国防に関しては終戦以前のあらゆるものがタブー視されていますから」。

江崎　「戦前との断絶が本当に決定的になったのは後藤田正晴官房長官の時代、つまり昭和50年代から」。

筆者はいまから40年前に、日本でも国防論議を本格化させる必要があるとする加瀬英明、三好修氏らの呼びかけに応じ、「日本安全保障研究センター」のボランティア事務局長をつとめ、財団化に奔走した経験がある。米国のシンクタンクとの交流が深まり、何回か、日米セミナーを開催したが、10年ほどで活動停止状態に追い込まれた。

第1に米国との税制が異なり、寄付が集まらないこと。ひとくち1万円ていどの会費では、セミナーも開催できない状態だった。

第2に自民党の政治家で真剣に安保論議に呼応できる国際感覚の持ち主が数名しかいないこと。この寂しき現実はいまもかわらず、「アメリカ通」を自認する若手の議員でも、じつはアメリカ政治を理解していない。彼らは「エズラ・ボーゲルはこう言っていた」という口癖がある。

第３に日本の官僚制度では当時、防衛庁は二流官庁と見られており、協力体制にないこと。とりわけ外務省の非協力的な態度には、エリート特有の「上から目線」があり、ましてチャイナスクール全盛時代だったから、中国の軍事的脅威を説くと、私たちの議論をはなからバカにしていた。

第４が財界の理解がほぼゼロ、金儲け、目先の決算しか思考範囲にないこと。彼らは天皇訪中を歓迎したし、工場の進出ばかりを考えて、国益とか戦略とかを語ることはタブーに近かった。

第５にメディアの自国を守るという国防への理解が、ほぼゼロだったことである。

したがって前掲書の２人の議論のなかでも左記の箇所が妙に突き刺さるのだ。

渡部　「安全保障に関する唯一の官のシンクタンクは防衛研究所です。（中略）所員には優秀な人もいるのですが、結果を対外的に発表するのはかなりハードルが高い。いちいち許可を得ないといけないのです。そうすると本当にタイムリーな情報の発信は難しくなる」。

江崎　「（前略）公表するまでに時間がかかってしまう。それと政府はある程度、確実なことしか言えませんしね。（中略）これが民間だと政府ほどの制約はありません。『こういう可能性がある』『こう予想される』という段階でも発表できる」。

したがって2人は早めの情報分析と予測を立てる民間シンクタンクの必要性があると力説される。

レーガン政権時代、ヘリテージ財団の作成したペーパーが政策に反映されるか、あるいは採用された。ＡＥＩ（アメリカン・エンタープライズ・インスティテュート）の経済政策も有効だった。当時、筆者はこれらのペーパーを集め研究員と議論するために何回もワシントンへ通った（いまではネットで読める）。

もう1つ、官ができない見解を民間シンクタンクが先に警告的に発信できる利点がある。ＣＩＡ（中央情報局）の金融予測は、公表すると市場に深刻な影響があるので、グローバル・フィナンシャル・インテグリティー（ＧＦＩ）などの民間のシンクタンクがさらりと発表している。だから中国の外貨準備や不正資金の流失というリアルが、われわれでも掴めるのである。

国防方針はランド研究所をウォッチしていれば概要が掴めるし、アメリカのホットな議論が奈辺にあるかは戦略国際問題研究所（ＣＳＩＳ）の報告などを注視していれば、かなりの情報が把握できるのである。

日本にはこうしたシンクタンクがない。致命的な遅れである。

ドイツも南シナ海から台湾海峡へ海軍艦船派遣を検討

トランプは5月にも日本を公式訪問している。首脳会談、皇居における晩餐会に加えて安倍首相とのゴルフのことが大きく報じられたが、訪日最終日に、横須賀基地で護衛艦「かが」へ乗艦したことは大きく報じられなかった。

その日、5月27日は「海軍記念日」である。米国が、わが海上自衛隊に「海軍」としてのお墨付きを与えたと比喩すべきイベントである。「かが」は軽量級とはいえ事実上の空母である。

日本では大きく報じられなかったが、重要なニュースがほかにも幾つかある。

トランプ大統領は6月1日、米空軍士官学校の卒業式に赴いて、軍人幹部候補生らを激励した。その卒業生のなかに台湾からの交換軍人がいた。会場には中華民国の国旗が飾られていたのである。台湾重視策がここでもあらわれていると見るべきではないか。

豪では奇跡の再選を果たしたモリソン政権を「祝福」するかのように、中国海軍艦隊が、予告なくシドニーを親善訪問した。

これは豪に脅威を与える軍事的な示威行動なのか、シドニーは50万人のチャイナタウンをかかえており、鉄鉱石などでは中国が最大のバイヤー、しかしモリソン政権はトランプの要請を受けてファーウェイの排斥に乗り出している。やはり豪もファイブアイズのメンバーだけあって、米豪の間には目に見えない連携がある。

6月4日、モリソン豪首相は突然、ソロモン諸島を訪問した。ソロモン諸島は台湾と外交関係を維持する国であり、地政学的にも航路の要衝にある。モリソン首相はソロモン諸島に向こう5年間で188億円を支援すると打ち上げ、あからさまな中国との対決姿勢をしめした。ファーウェイの進出が激しいソロモン諸島は、いまや豪ではなく、中国との貿易がトップを占めるようになっている。

モリソン政権は、ファーウェイ問題でトランプと同一軌道の外交を進めており、たとえばパプアニューギニアへの海底ケーブル・プロジェクトの入札でも中国を排除した。ソロモン諸島のあと、モリソン首相はツバルにも飛んだ。

南太平洋地域で台湾と外交関係のある国々とはナウル、ツバル、キリバス、マーシャル群島、パラオだ。だが、9月16日にソロモン諸島が北京に転び台湾と断交してしまったため、太平洋地域でもドミノが起こる危険性がある。2018年3月にも蔡英文《さいえいぶん》総統が外交関係の維持をはかるべくナウル、パラオを訪問したことは記憶に新しい。

過去1年間で台湾と断交した国にはパナマ、ドミニカ、エルサルバドルがあるが、２００７年に札束攻めでコスタリカが中国に転んでからは中米でさえ、依然台湾と外交関係を保つのはニカラグア、ベリーズ、グアテマラ、ハイチ、ホンジュラスとなった。トランプ政権は台湾重視政策を増強させており、台湾と断交したパナマ、エルサルバドル、ドミニカから大使を召還する措置をとった。

こうした状況下、シンガポールで恒例「シャングリラ対話」が行われ、米国からはシャナハン国防長官代行、中国からは魏鳳和《ぎほうわ》・国防大臣が出席した。この席で米中両国は角突き合わせる火花を散らした。

米国防長官代行だったシャナハンは「南シナ海から南太平洋にかけての軍事的プレセンスは近隣諸国に脅威となっている。すみやかに引き揚げ平和を回復すべきだ」。対して魏鳳和は「われわれは世界一の軍事へゲモニーで米国の立場にとって替わる意思もないが、そちらが望むのなら最後までつきあう。台湾が独立を言うのなら軍事的行動も辞さない。また天安門事件は正当な処置であり、ファーウェイは軍事組織とは無縁である」などと言いたい放題だった。

反トランプ色が濃く、ファーウェイ排斥には非協力のドイツが「変節」した。

メルケル政権は南シナ海の「自由の航行作戦」に参加の姿勢に傾いたと米紙ポリティコが報じ、「サウスチャイナ・モーニング・ポスト」が追跡記事を掲げた（6月12日）。ドイツ国防相（女性）が北京を訪問し、魏鳳和・国防相とともに閲兵儀式をこなしたのは昨秋10月である。なにしろウルズラ・フォン・デア・ライエン独国防相（現在のＥＵ議長）は7人の子供を育てたキャリア・ウーマンで、兵士の短時間勤務制度導入や育児支援の拡充を進めるハト派。「家庭に優しいドイツ軍を作りたい」というのが就任時の豊富だった。

彼女は北京での講演で、南シナ海における中国軍の突出には直接触れず、「公海は自由航行の原則がある」とだけ述べていた。米軍主導の「自由航行作戦」には参加するそぶりもなかった。

そもそもドイツ軍の海外派兵はアフガニスタン戦争が戦後初であり、４０００名余の軍隊を送り込んだが、戦死者が出るや、ドイツ世論は真っ二つに割れた。爾来、軍事関与について積極的姿勢はなく、シリア内戦でも頑なに不参加の立場を守った。ＥＵ内部でも、経済の優等生は良いにせよ、西側の協調に孤立していることはどうかという議論が進んでいた。ましてＥＵ議会ではＥＵ懐疑派が大躍進を遂げた。

南シナ海へのドイツ海軍艦船派遣は、メルケル政権内で公然と議論されていたが、台湾海峡への派遣には否定的だった。しかし南シナ海を通過してアジア諸国へ輸出されるドイツ製品は１１７０億ドル（２０１６年統計）であり、同海域を通過する国籍ランキングでも第９位である。

英国は２万２０００トンのＨＭＳアルビオン（空母）を派遣し、意図的に西沙諸島を通過させた。

フランスは「南シナ海の自由航行作戦に1年に2回以上、空母を含む軍艦を派遣する」とシャングリラ対話で魏鳳和国防相を前に明言した。すでにフランスは４月にフリゲート艦の「パンデミエール」を台湾海峡に派遣している。

西側が協調姿勢を見せているときにＥＵ、ユーロで指導的立場にあり、英国のＢＲＥＸＩＴを冷ややかに批判してきたドイツがこのまま軍事面で非協力的で良いのかとの声がドイツ国内で高まった。

ドイツにとっても中国にとっても、現在の非軍事的な姿勢を貫き、商いだけを優先、ウイグルの人権問題はリップサービスという政治環境はともに居心地のよいことだが、他方、ドイツはＥＵをフランスと協調して主導している。そのうえＮＡＴＯの対ロシア戦略に関しても利害が一致している点が多い。

もしドイツが航行の自由作戦に参加すれば、従来の中国との関係に亀裂が生まれるだろう不安がつきまとうのが現在のドイツ政治の脆弱《ぜいじゃく》さ、その迷走ぶりを物語っている。

ドイツ国防省は南シナ海派遣報道を否定している。

ANZUSからAUSへ

自由陣営内の結束は地球の南側でも乱れている。

ANZUS　マイナス　NZ＝AUS
何の記号かと言えばNZはニュージーランドの略、つまりアンザス条約（米豪NZ軍事同盟）からNZが抜け出たと言う意味である。米豪NZ軍事同盟が米豪同盟となったことになる。

NZの外交姿勢の変化はイラク戦争、湾岸戦争で米国の指図を受けることを潔しとせず多国籍軍に加わらなかった。

ガリポリの戦役（1915年、オスマントルコに対抗した英露仏など連合軍は苦戦。英国の要請によってNZは豪とともにトルコまでいって惨敗した）では大英連邦の一員として闘った。

NZのANZUSからの脱退は、英国連邦の一員として運命を共にする絆《きずな》の消滅を物語る。だから大英連邦の紐帯が怪しくなるのだ。なぜならＮＺは今も大英連邦の一員、国旗のデザインはユニオン・ジャックだ。国旗を変えようと国民投票をしたら、反対のほうが多かった。

つまり国王はエリザベス女王、英国が派遣する総督が元首代理として首班指名を行い、内閣が発足する仕組みである。かつて英国植民地だった時代の香港の統治スタイルと同じだ。

しかも英国と同様にＮＺには成文憲法がない。人口が５００万人弱では憲法がなくとも不文律と常識で国は治まるというわけだ。

ＮＺは、しかしながらファイブアイズのメンバーである。「５つの目玉」という意味は諜報ネットワークで米・英、豪、カナダと外交、国防の機密情報を共有しているネットワークの一員であるということだ。

米国にトランプ政権が誕生するや、英国は露骨に米国から距離を置いた。ドイツはもっと露骨にトランプを嫌った。

南シナ海における中国の軍事的挑発に、日本も加わって米日印豪の４カ国が軍事行動演習を展開したが、ＮＺは冷ややかに傍観した。

そしてＮＺの対中外交は豪のように露骨な中国排外行動を伴わず、親中路線の基軸を変えていない。この点に留意するべきである。

固い団結と言われた米英豪加ＮＺの「ファイブアイズ」に亀裂とはいかないまでも、顕著な温度差が露呈した。

原因はファーウェイへの対応である。

トランプの口癖は「日本は防衛負担増やせ」であり、具体的にはイラン制裁のために「有志連合」への選択を迫る。

戦後体制を考えれば、憲法改正に行き当たるが、具体的現実的な政治課題は安保改定である。日米安保条約の対等な内容への改定によって、初めて日本は主権回復ができる。

眼目は片務条約から対等な条約に改正し、アンフェアと受け取るアメリカ人の誤解を解くべきだろう。

同胞が拉致《らち》されても話し合いの解決を模索し、軍事的介入が選択肢に入っていない日本、北朝鮮に救援部隊も送れない。そして日本を守るはずの自衛隊は第７艦隊の補完でしかない。

ペリー提督率いた４隻の黒船艦隊の来航で日本が目覚めたように、トランプ発言を奇貨として、戦後レジームの克服を目指す日本は大きな脱皮を迫られている。

第5章

香港デモで中国の「火薬庫」が爆発する

香港でアンチ・チャイナの200万デモ

香港の若者たちが世界を震撼《しんかん》させた。

2019年8月12日夜、香港の若者や学生およそ数千名が空港で外国人旅行者にアピールする運動を展開中、香港当局は突然、全便の欠航を発表した。滑走路も管制塔も正常、学生らの妨害行為なし。つまり欠航の決定は当局の嫌がらせだ。

抗議行動に「悪」の印象を付与し、中国人民解放軍の介入に合法性を持たせる意図が明瞭《めいりょう》であり、しかし諸外国メディアも各国政府も、冷静に判断した。迷惑を蒙った外国人旅行者も学生らに抗議する光景はなかった。

トランプ大統領は「国境付近に中国軍が移動している。気をつけて、安全を護れ。1人も死んではいけない」とツイッターで呼びかけるほど異様な状況となった。この間接的な米国の関与で一時的にせよ、中国人民解放軍の空港突入という悪夢のシナリオは遠のいた。

ともかくも1997年の香港返還以来、久しぶりに香港で中国の政策に反対の声が高らかにあがった。

しかも反中国の抗議集会、デモは国際空港への座り込みにまで発展したが、６月からの香港における「反送中」（逃亡犯条例）デモに最初は１０３万人。ついで２００万人！　８月18日になっても１７０万人！　人口７５０万人しかいない香港で２００万といえば公務員、警官ならびに北京の傀儡《かいらい》、親中派をのぞいてほとんどの市民が参加したか、支援したことになる。

これほど中国が嫌われていたとは！

２０１９年６月９日の日曜日、久しぶりに世界のジャーナリストが香港に集まった。香港島セントラル地区で「反送中」デモが開催され、「反対悪法」と書かれたプラカード、なかには「林鄭下台《りんていかだい》」の標語も混じった。

林鄭月娥《げつが》は香港行政長官で寧波出身の女性政治家。ドナルド・ツァン、梁振英《りょうしんえい》ら歴代親中派の行政長官の後継だが、キリスト教徒であり、初代行政長官だった董建華《とうけんか》と同じ寧波人脈と見られていた。

香港財界はいまでこそ不動産成金が財界トップを占めるが、戦争直後に難民が流れ込んだ時代には船舶、とりわけ海運業者が香港経済をリードした。その香港海運業界は寧波人脈で占められた。上海から逃げてきた国民党支持の富裕層が主力だった。

秀吉の時代から寧波と日本は繋がりが深く、御朱印船貿易の前には倭寇《わこう》の出撃基地でもあった。

戦後、香港の寧波人脈は旧日本軍との繋がりもあって情報が早く、大量に日本に造船を発注し、海運に乗り出した。世界は復興に向かっており海上運搬は需要が高く、短時日で経営を軌道に乗せたため日本の海運界、造船業界と特殊な結び付きがあった。初代行政長官の董建華は「香港のオナシス（海運王）」とも呼ばれた。ともかく寧波は上海商業圏であり、香港住民の大半は広東人だから、上海人を快く思ってはいない。

だから林鄭月娥行政長官は好かれないのだ。「林鄭下台」「反対悪法」などを掲げて、大学生や知識人、ビジネスマンが参加した抗議行進は世界のメディアが大きく伝えた。数年前の「雨傘革命」の参加者よりも多く、散会時には一部の参加者が警官隊と衝突して暴徒化した。もっとも暴力を振るう活動家は中国軍人の偽装が多い。

もともと容疑者を送還する法律（逃亡犯条例）の改正は具体的には台湾で犯罪に関係した容疑者が香港へ逃げ込んだため中国へ送還しようとしても法律がない。そこで法律改正議論となった。

立法委員らは親中派が多数のため、法改正は間違いなく議決されると予測された。民主党など反中活動家らが、「もし法律が制定されると自由を訴える知識人も恣意《しい》的な法運用で中国に送られる」と反対の声をあげ、日頃の反北京感情に火がついた。

香港に連帯する日本、米国、豪など世界5カ国の若者らが共鳴し、17カ所でも抗議集会が開催された。２００人が集まった日本の集会では反中のシンボル＝「雨傘」も登場した。世界各地には「レノンの壁」ができて香港を支援した。

あの「1国2制度」の約束は消えたのか

香港返還時の「1国2制度」を50年とした約束はどうなったのか？

１９９７年7月1日、英国植民地最後の総督パッテン一家は香港を去った。大物政治家として英国政治に影響力を持ったパッテンだが、ときのサッチャーの潜在的ライバルでもあったため、香港に「左遷」された。貧乏くじを引いたと言われた。以後、香港は真綿で首を絞められるように徐々に自治を失い、「1国2制度」の原則が守られず、言論活動はすっかり窮屈になってしまった。「銅鑼湾書店《どらわん》」事件では、習近平批判本を連続発行してきた書店のオーナー、社長、従業員ら5人が拘束された。オーナーはなんとタイのリゾート地で拉致され、中国に連行された。主権侵害、強権政治と、抗議活動が展開された。しかし銅鑼湾書店は閉鎖に追い込まれ、批判の自由は奪われ、銅鑼湾書店は広報、出版活動の場を台湾へ移管した。

そのうえ言論の自由の象徴とも言われた「サウスチャイナ・モーニング・ポスト」さえ、マレーシア華僑の郭鶴年《かくかくねん》（シャングリラホテルも経営）から「世界の新聞王」こと、ルパート・マードックの経営にうつり、現在はアリババの馬雲が最大株主として君臨している。馬雲はれっきとした中国共産党員である。

自由主義の経済学者にして思想家のハイエクを尊敬するというジミー・ライこと頼智英《らいちえい》が経営する「リンゴ日報」は自宅に火炎瓶が投げ込まれたり、系列だった衣料チェーン「ジョルダーノ」が放火されるなど数々の弾圧と戦いながらも果敢に発行をつづけている。

李鵬《りほう》元首相は周恩来《しゅうおんらい》の養子。無能だが、「名門」ということで共産党のトップに胡座《あぐら》をかいた。

その子供たちは李小勇《りしょうゆう》、李小琳《りしょうりん》、李小鵬《りしょうほう》。いずれも適当な役職を配分されたが、残るような業績を聞いたことがない。次男の李小勇の娘が李叶《りきょう》である。李叶は谷牧《こくぼく》（元副首相）の孫＝劉詩苒《りゅうしさい》と結婚した。華麗なるセレブの誕生と言われた。李小勇は不動産スキャンダルに巻き込まれ、シンガポールに居住しており、李叶は香港在住。シンガポールとの間を頻繁に行き来している。

不思議なのである。共産党トップの子供、孫たちは祖国に住まないのだから。

さて香港を嵐に包み込んだ民主諸派のデモは100万、200万と参加者が膨れあがり、中国が軍隊の介入をちらつかせて脅しても、一向に収まる気配がなかった。8月5日にも香港空港に押し寄せて、これに航空会社従業員が共鳴してストライキをうったため、300便が欠航という凄まじい段階に立ち至った。これは航空労組のゼネスト、12日の欠航は香港当局の嫌がらせ、つまり抗議した若者に直接的責任はないことはすでに述べた。

香港の「星島日報」（8月5日）は前述、李鵬の孫の李叶が香港の抗議集会に参加していたと報じた。共産党は慌てた。北戴河会議が始まったばかりのタイミングだったこともあり、香港、シンガポール、台湾のメディアが大きく転電した。世界に香港の若者への連帯が拡がり、世界各地で「香港に自由を！」、「香港を守れ！」とする抗議集会、キャンペーンが開始され、クラウド・ファンディングで予測以上の資金が集まった。

オーストラリアでは中国大使館、領事館前に中国人留学生が集まった。政府に抗議する集会だったので、領事館職員は慌ててビデオ撮影し、それをCCTVが報じた。むろん、政府系の中国政府支持デモも行われたが、どう見てもやらせだった。ところがウィチャットに抗議集会に出た学生の顔写真が掲載され、共産党系のネットに流れるという悪質なネット操作も行われた。顔面識別、監視カメラの技術が中国共産党に悪用されたのだ。8月18日と9月1日にはシドニーで中国派の集会とデモ、民主派の集会も開かれ、こちらには多数のオーストラリア人も参加した。9月2日、林鄭はついに法案を断念した。

さて日本の若者は、いったい何をしているのだろう?

60年代の欧米は反戦運動が吹き荒れ、各地で暴動になった。フランスのカルチェラタンの騒ぎは、「5月革命」とよばれ、サルトルは盛んに「アンガージュ」(参加)を呼びかけた。カルチェラタンの指導者ダニエル・コンバッティットは世界的有名人となった。彼は「赤毛のダニー」と呼ばれたドイツ系ユダヤ人で、その後、極左のイコンとなってドイツに戻り、緑の党の活動家となり、欧州議会議員に当選したりした。日本にも伝播《でんぱ》しベトナム反戦運動は、過激化した。神田は日本のカルチェラタンとなって、歩道に敷き詰められていた煉瓦などは武器に早変わりし、警察官の多数が殺害された。メディアは警官の死に一片の同情も示さなかった。その後、過激な左翼学生運動は内ゲバを繰り返して、すっかり支持を失い、全学連も存在感がなく、全共闘、ノンセクトラジカルなどは、社会にすっと逃げ込んでいった。

このところ反原発とか反捕鯨、地球環境保護などを叫ぶ「市民」団体や、左翼団体は、香港に連帯する抗議集会もデモも展開しない。政治的エネルギーを喪失させてしまったのか。そうではない、彼らには自由を守るという基本理念がないのだ。

いずれにしても香港の騒擾《そうじょう》、いつどのようなかたちで落ち着くのだろう？

台湾の運命は？

次に控える嵐は台湾である。

２０２０年の次期台湾総統選の候補者を選ぶ国民党予備選の第１段階（世論調査）は、国民党執行部の強い思惑、すなわち「勝てる候補」選びのためにフォックスコン（鴻海精密工業）ＣＥＯの郭台銘を外すという基本路線が貫かれた。国民党主席の呉敦義《ごとんぎ》の意向が強く反映した。

結果は高雄市長になったばかりの韓国諭《かんこくゆ》が44・８％、郭台銘《かくたいめい》が27・７％、朱立倫《しゅりつりん》は１年前の本命視から転落して18％弱。４位は周錫偉《しゅうじゃくい》（６％）、５位は張亜中《ちょうあちゅう》（３・５％）だった。

韓国諭が正式に総統選挙の正式候補者となる。韓国諭は台湾のひまわり学生運動が国会を占拠した折、民主主義の価値を評価した記録がない。郭台銘に至っては、「民主主義など糞食らえ」と暴言を吐いた。直後の世論調査をネットで調べたところ驚くなかれ、蔡英文《さいえいぶん》が77％の支持を集め、韓国諭は僅かに23％だった。逆転を示しているのである。

訪米で多数の有力者や議会指導者と面会した蔡英文は、アメリカの無言の蔡英文支持を背景にして「韓国諭候補は経験不足、政治力量は未知数だ」と語った。

落下傘候補として最初は泡沫《ほうまつ》扱いだった韓国諭が、相次ぐ失政で民進党の支持層が蔡英文からはなれ、「瓢箪《ひょうたん》から駒」で高雄市長に当選して僅か8カ月。はやくも総統選挙へ出馬するとは、公約違反だと高雄市民は声をあげた。

香港でおりからおきた「反送中」運動で、100万、200万の動員を果たした香港は林鄭月娥行政長官に「辞めろ」と迫り、中国共産党は深刻に事態を受け止めた。こうした香港の動きに刺戟され、台湾の国民感情にも変化が起きた。

香港市民の行動を目撃した、台湾人の多くが香港のアンチ中国デモを支持した。国民党のいう「1国2制度」の末路がどうなるか、身に染みて認識できたからだ。ところが韓国諭は感想を聞かれて「私は知らない」ととぼけた発言をなし、北京の顔色を見るような態度に支持者から失望の声が漏れた。

「やはり郭台銘とおなじように、韓国諭は北京の代理人か」

「あれではどちらがなっても国民党は馬英九《ばえいきゅう》と同じ愚を繰り返すだろう」

高雄市議会は10名余の市議会議員が記者会見を開き、韓国諭の即時退陣を求めた。「総統選に熱中し、高雄市政をおろそかにした責任は大きい」として、リコールを求める署名運動はさらに燃え広がる。

韓国論を支えるはずの高雄で、基盤となる大票田が韓国論不信ムードに切り替わったのだ。高雄はもともと台湾独立運動のさかんな土地柄であり、国民党はながく相手にされなかった選挙区である。この民進党の拠点を覆したのだから、国民党は韓国論に過剰な期待を寄せたのも無理はなかった。世情の移り気は迅速である。台北などでは黄色い雨合羽をきて、「偏向マスコミ糾弾」「中共匪賊《ひぞく》に迎合するメディア」を激しく非難する集会が行われ、香港の熱気が台湾にも伝った。

国民党予備選で大敗した郭台銘は、世論調査がすべてを代弁するわけではないとばかり、国民党を離党し独立候補としての総統選立候補を模索する。

国民党はまた分裂の危機をむかえることとなり、「漁夫の利」が民進党に転がり込むというシナリオが現実味を帯びた。もし郭台銘が立候補となれば、与党・民進党にとっては歓迎すべき事態である。

それにしても、「台湾のトランプ」と比喩され、立候補の表明直後は圧倒的人気だった郭台銘は、なぜ途中から失速したのか？

郭の両親は国民党の敗退にともない山西省を後にして台湾へ移住し、狭い住居で10年を雌伏した。一家はキリスト教会の慈善事業で食いつなげたという。郭は母親に借金して7500ドルでプラスチック成型機を購い、部品製造のビジネスを始めた。成功の弾みとなったのは当時興隆していた電気部品から電子部品、スマホの大発展を見通して早くに対応策を講じたからだった。

郭はアメリカ各地を見て歩き、そしてIBM、デル、アップルを直接訪ねて、彼らの欲しがる部品を聞き出し、その需要の高い部品を製造するために人件費の安い中国大陸に主力工場を次々と作った。過酷な労働、安い賃金、奴隷のような職場と悪評さくさくでストライキにも遭遇したが、郭台銘すこしも怯《ひる》まず、強気の経営を続け、台湾一の財閥になりおおせた。郭は「台湾の松下幸之助」といわれ、巨万の富を築いた王永慶《おうえいけい》を深く尊敬しているというが、経営理論を聞いていると、ばさばさと不採算部門を切り捨て、効率集中型重視などの理論実践家。筆者は大前研一の論理を思い出した。

「私はトランプ大統領とも渡りをつけたし、習近平主席とも数度面会している。台湾は米中技術戦争時代にサプライチェーンの架け橋になれる有利なポジションにいる。メディアはまだ『G20、G20』と騒いでいるが、いまでは明確にG2だけなのである」とTIMEのインタビューに答えている(同誌、2019年7月22日号)。

郭は予備選をトランプの遣り方に模したキャンペーンで戦った。巨費を投じたテレビC

Ｍも頻度激しく、しかし力強い印象を作り出すために語彙《ごい》を慎重に選び、専門家を周りに固め、帽子もスローガンを前面に掲げ、人脈とコネの強さを訴えた。

だが、アメリカ流のキャンペーンの遣り方は台湾のように情緒的、家族的社会ではむしろ反発を強めた。台湾のシリコンバレーと言われる新竹市では一部ＩＴ関連者の熱狂的支持を集めたが、一般の人々からはそっぽを向かれた。


２０１９年7月20日、台湾で新党が誕生した。

台南を拠点に長老会（プレスビテリアン）がバネとなって「喜楽島連盟」が結成されたのだ。初代党主席は台湾長老会派議長の羅仁貴《らじんき》が、２００名の代議員の投票によって選ばれた。

「来年の立法委員選挙に候補者を多数擁立する」と気勢を挙げた。ただし蔡英文に挑戦する総統候補は立てないとした。台南はもともと台湾独立を鮮明にする本省人の根城のような地区で、台南市長を務めた頼清徳《らいせいとく》は首相を辞任して総統候補をきめる党内選挙に臨んだ。同地のキリスト教会は長老派が圧倒的に強く、蔣介石独裁時代には教会に集まって台湾独立の秘密会合が開催されたという歴史がある。長老会はトランプ大統領も信仰する、カルヴァンの宗教改革を端緒にスイスで発祥し、フランスから英国へ伝わりスコットランドで拡大定着した。米国に伝播したのはピューリタンが持ち込んだからで、このカルヴァン派系プロテスタントは、ちなみにニュージーランドの主流キリスト教だ。台湾へは1865年頃に淡水に上陸し、急速に拡大した。現在、台湾のキリスト教最大の勢力である。

新党「喜楽島連盟」は「反中国併呑」「正名台湾国」「制定新憲法」「加盟連合国（国連加盟）」をスローガンとしているが、前回選挙で躍進した「時代力量」や、かつての李登《りとう》輝《き》主導の「台湾団結連盟」に迫る政治パワーとなるか、中華思想まる出しだった「新党」や宋楚瑜《そうそゆ》率いる「親民党」と同様な線香花火で終わるかは、現時点で不明である。

その新党熱も冷めないうちにまたもや新党。

柯文哲《かぶんてつ》（台北市長）が、来年1月の台湾総統選に出馬する構えを本格化させた。

柯文哲は郭台銘に協力を呼びかけ、8月6日に台北大学医学部国際会議場で「台湾民衆党」の結成大会を開催した。

まるで肌合いの異なる異種同士、ケミストリーが悪いはずの2人が共闘の船に乗ったかと思われたのも、どちらかを正副総統にすれば、国民党の票が割れるからだ。ましてや台北、新北市など大票田を抱える都会では、国民党が強いものの浮動票が夥しく、第3党が比較優位に立てるとの計算があった。

しかし新党結成大会に郭台銘は欠席した。

もし三つ巴となった場合、旧来の思考ならば蔡英文現職有利に作用するだろうが、国民党分裂状況に加えて、多くの無党派層が、新鮮なイメージを求めて台湾民衆党に流れるという想定外のシナリオも描ける。

台湾併呑を究極の目的とする習近平は、いま盛んに地下ラジオ局を通じて世論工作に余念がなく、台湾で連日、悪質なフェイクニュースを流している。

中国の残虐性はチベットで露呈

いま香港と台湾を先に議論してきたのには理由がある。ともに中国の遣り方を看過すれば、侵略は進み、自由社会は消え、中国共産党の奴隷に転落する危険な地獄を迎えかねないからだ。私たちの目の前に南モンゴル、チベット、そして現在進行中のウイグル族への血の弾圧が続いている。

チベットはいかにして侵略され、自由が失われてしまったのか、これまでにも多くが語られた。

ペマ・ギャルポ『犠牲者120万人　祖国を中国に奪われたチベット人が語る侵略に気づいていない日本人』（ハート出版）の行間にも氏の苦労、チベット人の悲劇、その懊悩《おうのう》と悲惨な逃避行のパセティックな思いが滲《にじ》み出ている。温厚で信仰心熱きチベットは中国にあっという間に侵略され、中国に味方する裏切り者も手伝って、120万もの同胞が犠牲となった。ダライ・ラマ法王は決死の覚悟でヒマラヤを越えてインドに亡命政府を作った。

その深い悲しみ、暗澹《あんたん》たる悲哀、血なまぐさい惨劇、しかしこのチベットの教訓こそが、香港、台湾、そして日本がいま直面している危機に直結するのである。

日本人よ、中国の属国に陥落し、彼らの奴隷となっても良いのかとペマ氏は訴え続けるのである。

なぜなら日本侵略計画はすでに日中国交正常化から開始されており、この謀略にほとんどの日本人が気づいていないという失態にペマ氏は苛立つからだ。

チベットは「寛容の国」だった。

それゆえに「寛容の陥穽《かんせい》」に嵌って、結局は邪悪な武装組織、つまり中国という暴力団の塊のようなならず者によって滅ぼされた。日本は平和憲法という、寛容な国家の基本法を押しつけられてから70年も経つのに、いまだに後生大事に墨守している。それが国を滅ぼす元凶であること、左翼の言う「平和憲法」擁護には騙《だま》されてはいけないことを力説している。

ウイグル自治区で何が起きたか

ウイグルの悲劇もチベットのパターンを踏襲している。

十数年前にも筆者は新疆ウイグル自治区を旅し、ウルムチから列車でトルファンへ入った。途中のハミ駅で熟した瓜を買った。じつに美味い。トルファンでは干しぶどう、これもまた絶品で当時、中国で売り出したばかりの「長城」というワインはフランスのワインとまではいかないけれども、なかなか乙な味だった。

江沢民時代の新疆ウイグル自治区は外国人にほぼ全域が開放されていて、かなり自由に写真撮影もできた。

トルファンの屋台にあふれる羊肉、皆がイスラム帽をかぶり、女性はスカーフが多かったが顔を隠しているわけでもなかった。ベゼクリク千仏洞は、いかにイスラムが仏像を破壊したかの廃墟跡を意図的に見せているような気がした。岩だらけの高台には孫悟空ワンダーランドとかのテーマパークも出来ていた。

ウイグル自治区の各地では、コルランの普及率を調べたが、何処にも、それこそ1カ所にもコルランを売る書店もなければモスクの受付にもなかった。田舎へ行くと、モスクは閉鎖されたところが多く、そのモスクの周囲は物静かで人影もなかった。コルラン販売の監視とモスクの出入りがチェックされている様子だけは、十分理解できた。

習近平時代となって強烈なムスリムへの弾圧が強まった。習の子飼い、陳全国《ちんぜんこく》が新しくウイグル自治区党委員会書記となるや、狂気の弾圧はエスカレートして、拷問、処刑、臓器移植を行う場所が「再教育センター」とか「職業訓練所」となった。

陳全国の悪名は世界にとどろき、「悪代官」と呼ばれる。収容されているウイグル人が100万人とも200万人ともいわれるのに、イスラム同胞をかかえる国々は、中国の人権抑圧を批判しない。米国も9・11テロ事件以来、「東トルキスタン解放戦線」を「テロリスト」とうっかり認定してから、黙《だんま》りを決め込んできた。

ペンス副大統領が正式にイスラム教徒に言及し、ウイグル族の不当拘束を非難する演説は18年10月だったが、19年7月には日本を含む22カ国が中国政府を批判する声明に署名した。トランプ大統領はウイグル族をふくむ少数民族の代表者をホワイトハウスに招いて実情を聞いた（19年7月17日）。

しかしサウジもエジプトもカザフスタンもキルギスも右の署名には応じなかった。イスラム国家とは言え、みな独裁政治であり、おなじ独裁の中国とはたいそう馬が合うのだ。だからムスリムはテロリストだという中国の嘘宣伝を楯にイスラム同胞への惨い弾圧には目を瞑《つむ》ってきた。

ようやくトランプ政権が誕生し、米国はイスラムへの人権に関して中国を批判し始め、トルコも強い口調で習近平のやってきたムスリム弾圧を「人類の恥」と非難した。ソロスは「習近平は西側最悪の敵」と言った。

福島香織『ウイグル人に何が起きているのか』（ＰＨＰ新書）はウイグルへの突撃取材を試みた意欲的なルポで、エイティガール寺院の現場報告から始める。

「美しいミナレット（尖塔）が特徴で、１日５回行われる礼拝の時刻にはアザーンが流れる、とガイドブックには書いてあるのだが、（中略）流れていなかった。寺院の屋根には五星紅旗が翻る。宗教施設に国旗を掲げることは２０１８年2月以降、義務化されているのだが、これほど不自然な光景もない」

しかも寺院前広場はゴーカートなど子供遊園地に化け、戦車の乗り物もある。目抜き通りを歩くと「路上にはゴミ一つ落ちておらず、清潔だ（中略）が、どこかよそよそしい、この作り物めいた空気はなんだろう。青いジャージに赤いネッカチーフの小学生たちが、中国語の童謡を歌いながら歩いていた。ああわかった、テーマパークだ」。

タクシーに乗っても監視カメラがあって運転手との会話は弾まず、車内には「社会の秩序を乱してはならない」などのポスター、どこもかしこも監視カメラだらけだ。「人々は正直で親切だ。だが、人を含めて全部作り物のようだった。彼らは昔ほど陽気ではなかった」。

福島香織氏の観察の目は鋭く、さらに牧畜が行方不明となっている現実を見た。どこにも羊の姿はなかった。町からも村からも消えていた。ウイグルは「巨大な監獄」だった。それも「21世紀で最も残酷な監獄社会」だ。それがウイグル自治区なのだ。

ウイグル自治区では中国共産党の惨たらしく禍々しい弾圧が展開されているにもかかわらず、かつてセルビアの民族浄化を非難した西側がなぜ中国の、もっと悪逆な民族浄化を黙認するのか？

南モンゴルの悲運

こうしたチベット、ウイグルの民族弾圧の原型は南モンゴルにある。

モンゴルの徳王《とくおう》は親日派で、日本軍支援のもと、独立を追求していた。突如の敗戦、日本が引き揚げた後、モンゴルはヤルタ協定によって北をソ連が抑え、南側を中国が支配することが決められていた。当初、少数派だった漢族、いまや内蒙古省に１０００万人もいて多数派となった。

中国共産党の支配に立ち上がった民衆のうち34万人が逮捕され、２万７９００名が処刑され、生き残った12万人も身体障害者となったという数字は公式見解である。１９６８年から76年の文革期、80万人が拘束されたとする見解がある。この数字から見れば、ウイグル１００万人収容所入りは、驚くほどのものではない。

内蒙古省の省都フフホトへ筆者はかれこれ３、４回ほど行っている。同省の北は満州里《まんしゅうり》、ハイラルからノモンハンの現場、西はパオトウからオルドス、さらに南の「チンギスハーン御陵」まで歩いているが、飛行機や汽車の乗り換えがフフホトのことが多いからだ。

数年前に行ったときに市内のホリデイインに宿泊したが、その裏側がイスラム街だった。フフホトといえば、チベット仏教の僧院が建ち並び、日本と縁の深いお寺もある。その仏教の町の目抜き通りに白亜の巨大なモスクが林立しているのだ。突如、町の景観に変調を来すような違和感があった。地図を見比べて、このモスク街が仏教寺院を取り囲むように建っていることが気になった。モスクの中へ入ると洋装品のバザール、古本の屋台、モスクなのに宗教書は１冊もなく、礼拝堂は倉庫となっていた。

なんだかアリバイ証明的にモスクの概観だけを整えているだけと見た。

楊海英《ようかいえい》『「中国」という神話──習近平「偉大なる中華民族」のウソ』（文春新書）は初めから終わりまで、膝を叩いて納得できる「真実の中国史」である。

中国の軍事力の脅威は日増しに高まっているが、楊海英教授はまず、その軍事力は内陸アジアに向かっており、「強国」イメージの習近平体制がかかえる最大のアキレス腱は、ウイグル、南モンゴル、チベットなどの内陸部である、と喝破する。

「歴史始まって以来、中国と内陸アジアは衝突しつづけてきた。そして、内陸アジアの動静は中華の運命を左右してきた。中国にとって、内陸アジアはその死活を握る、地政学上重要な存在」とする。

なぜなら「中華の思想や価値観は一向に万里の長城を北へ西へ超えることはなかった。仏教とキリスト教、イスラーム教は中国に伝わって定着したが、中国起源の道教や儒教が嘉谷関より西へ広がることはなかった（中略）。中国的な価値観と思想は、遊牧民にとっては異質な生き方で、受け入れがたい精神として映っていた。つまり内陸アジアの遊牧民にとって、中国人ははっきりと異なる文化、文明に属する」

だから匈奴《きょうど》、突厥《とっけつ》（チュルク系）、吐蕃《とばん》（チベット）に軍事的に制圧されると、中国は遊牧民に女性を贈ることで「結婚による民族戦略」を行使してきた。中国人の認識では、「中華の嫁を妻とした以上は、うちの婿だ」という中華的で独特な発想が根底にあり、相手の政権は「中華の地方政権」という身勝手な論理が露呈する。だから「チンギスハーン」は強引な解釈で「中華民族」の英雄となるのである。モンゴル人が漢族を征服した屈辱の歴史は、かくして中国の歴史教科書からも消える。

そこで楊教授は2つの歴史的イベントを、克明に詳述する。おそらくこの話、日本人の多くが知らないではないか。

第1の典型的な「神話」は匈奴に嫁いだ「王昭君《おうしょうくん》」のこと、第2が「文成公主《ぶんせいこうしゅ》」である。

現代中国ではこの2人の姫君が遊牧民に嫁いだことは「和宮降嫁《かずのみやこうか》」のごとき扱いなのである。

遊牧民の呼韓邪単于《こかんやぜんう》に漢王朝は宮廷にいた王昭君を嫁として嫁がせる。紀元前33年のことである。王昭君は子をなし、「悲劇的女性」、つまり中華のヒロインとして描かれるようになる。歴史改竄《かいざん》は朝飯前、現代中国では、王昭君は異民族と結婚し、その屈辱的な風習習慣に絶えても宥和《ゆうわ》をはかったゆえ「民族団結のシンボル」となり、２０００年前から現代に甦《よみがえ》らせた。フフホト郊外に巨大テーマパーク「王昭君墓地」なるものがあって、次々と観光客を呼び込んでいる。復活したヒロインの記念公園には彼女と夫の呼韓邪単于が夫婦仲良く馬に乗っている巨大な銅像が聳《そび》えている。テント村の売店ではチンギスハーンの絵画、人形、Tシャツも売られている。

この王昭君墓地を見学したのは、かれこれ十数年前である。タクシーを雇って、フフホト市内から30分ほどだった。車を待たせ、テント村に入り、この新しい神話のオブジェが並ぶ場所（彼女の墓地であるかどうかは誰にもわからない。２０００年前の話を突如、甦生《そせい》させたのだから）を見学した。

彼女は側室の１人でしかなく、しかも呼韓邪単于の死後は、その息子の側室として２人の娘を産んだ（これが遊牧民独特の「レヴィレート婚」）。そうした悲劇のヒロインのわりに銅像の風貌《ふうぼう》はふてぶてしかった。西安に行くと楊貴妃《ようきひ》の白い像があるが、想像より遥かに肥っているように。

２例目は吐蕃（チベット）に嫁いだ「文成公主」である。唐の都・長安はチベット軍に降伏した、唐の王家の娘を吐蕃のソンツェンガンポの元に嫁に出した。そしていま、王昭君と並んで「民族団結」のヒロインとして文成公主が現代中国に甦り、あちこちに記念碑やら銅像が建てられている。筆者も文成公主の巨大な白亜の銅像を青海湖を1周したときに山の中腹で見た。つくりは観音菩薩のようで、表情は愁いをたたえているかに見えたが、よくよく考えると唐王朝も漢族ではなく鮮卑《せんぴ》系である。したがって漢族と蕃族の民族団結とはいえないため、中国は「中華民族」なる架空の概念を発明し、歴史教科書を塗り替えてしまった。

文革の悲劇は風化していない

文革で犠牲になった多くの人々の魂は、いま何処を彷徨《さまよ》っているのか。

全体主義の犠牲になった、夥しいインテリや軍指導者たちの死は闇に葬られてきた。

いまウイグルでは反政府分子、分離主義者として多くの善良な無辜《むこ》の人々が、強制収容され、洗脳教育が行われ、しかも臓器が摘出された犠牲者もいれば、リンチの挙げ句死んだ人々は、収容所に隣接された火葬場で始末されているという。

民族浄化！　かつて中国共産党は同じことをチベットで行った。その前は南モンゴルだった。そのおぞましい事実は、前述のようにチベット問題ではペマ・ギャルポ氏らが暴き続け、またモンゴル問題では楊海英氏らが告発を続けている。

ウイグルの女性は広東省に送られて工場で働かされるが、強制的に漢族の男性と結婚させられる。広東が多いのは中国の全体を区分けし、ウイグルへの投資、人材派遣は広東省が担当となっているからだ。

あまりの過酷な労働と低賃金に広東のウイグル人の宿舎で不満の声があがり、たちまちにしてウルムチで暴動に発展した。このとき漢族の凶暴な暴力によって死亡したウイグル人の数さえ明らかになっておらず、かなりの若者（1万以上と推定される）が、カザフスタンからアフガニスタンへ逃げた。

チベット弾圧で名を馳せた陳全国が新疆ウイグル自治区の党書記となるや、ウイグル人への血の弾圧は強化され、海外に留学していた若者が呼び返され、地獄が始まった。「三大悪代官」の代名詞が陳全国で、「陳全国が来るぞ」と言えば泣く子も黙るという吸血鬼。

そのうえ、宮脇淳子氏の最新情報によれば、蘭州大学で、ウイグル語の授業が行われ生徒で一杯だという。

「ん？」。なぜ、弾圧している民族の使用言語を漢族の若者が学ぶのか？

軍や警察としてウイグルに派遣される漢族の若者は、ウイグル女性との結婚が強要されるからだ。すこしでも言語を覚えておかないといけないというので蘭州大学で集中講義が為されることになったのだという。

王友琴《おうゆうきん》、小林一美、佐々木恵子、劉燕子《りゅうえんし》、麻生晴一郎の『【負の世界記憶遺産】文革受

難死者850人の記録』（集広舎）は文革で犠牲となった夥しい人々の中から850人の記録を編んだ。著者の王友琴は、元紅衛兵だった人たちに当時のことを聞いて回った。「ある教師だった女性は、同窓会に出たところ、元紅衛兵が大張り切りでこの会を取り仕切っていた。気持が悪くなって途中で外にでてきた」と言った。

しかし文革が終わって30年が経過したというのに、しかも、弾圧した奴らが平気で市民として生きているというおぞましい現実を前に「かれらはまだ責任も追及されず、人を殺しても謝りもしない。文化の恐怖の毒素は、今も現代の空気の中に漂っていた」のである。

名誉回復を図ろうとして努力したのは胡耀邦《こようほう》だった。それが一因となって胡耀邦は失脚した。

ウイグルの弾圧に関しては、さすがの中国共産党も世界的な非難の嵐にさらされ、まずいと認識できたらしく年初来、2回（3月と7月）も『新疆白書』を刊行した。

最近、西側が行方不明としたウイグル人たちを「釈放した」とフェイクニュースを流している。また中国共産党は「批判しているのはキリスト教圏であり、むしろイスラム圏は、中国を支持しているではないか」と反論している。収容されているのは200万人。釈放された人は九十数名に過ぎず、騙されてはいけない。

こうして中国における少数民族問題は、現代中国の火薬庫である。

この少数民族の悲劇が、こんにちまで欧米で語られることが少なかった。トランプ政権になってから状況は劇的に変貌している。

第6章

それでも中国のカネにすがる懲りない国々

アメリカにまだパンダハガーがいる

香港で自由を守れと立ち上がった若者たちに世界の人権擁護団体やリベラル諸派、知識人などが支援するのも当然だろう。

香港の抗議行動の最大スポンサーであるジミー・ライ（頼智英）は19年7月8日に訪米してペンス副大統領、ポンペオ国務長官、ボルトン大統領補佐官（当時）と面会した。一民間人に対してこれほど異例の厚遇はなく、米国は香港の動きに異様な関心を示したことになる。

頼智英は不屈の人物、中国共産党の圧力に決して屈しない。中国共産党の脅迫、あらゆる妨害を乗り越え、香港で「自由、民主」を掲げた「リンゴ日報」と「壱」を発行し、北京の政策への批判を展開してきた。頼智英は香港の若者たちが立ち上がった雨傘革命のときも積極的に支援した。反送法運動で若者らは200万人ものデモを組織し、中国から唆《そそのか》された悪法＝「送還法」を葬ったうえ北京の傀儡＝林鄭月娥・行政長官を追い込んだ。頼は個人で350万HKドル（邦貨換算5200万円）をポンと寄付した。資金集めはクラウド・ファンディングを通じても行われ、世界の主要紙に意見広告をうてるほどの金額が世界中から集まった。米国情報機関からの資金援助が一部に取り沙汰されたが、これは中国側の攪乱情報で、善意の人々、そして海外の華僑からの寄付金が予想以上に集まった。

筆者が頼智英にインタビューしたのは１９９７年香港返還直前だった。坊主頭にジャンパーという出で立ちで、部屋に入ってきたときに給仕さんかと間違えたほどだった。

「返還後、中国共産党の統治が進んで言論の自由はなくなるのではないか」と聞くと彼は意外と楽天的で、「中国は香港という国際金融都市を必要としている。国際金融には自由な報道、情報の透明性、客観性が絶対必須条件であり、香港がまるまる飲み込まれることはない。私はハイエクの信者である」と胸を張って答えた。

波状効果が台湾に及んだ。下馬評で人気が沸騰していた郭台銘（フォックスコンＣＥＯ）の支持が急落した。第４章でも見たように韓国諭も圧勝の雰囲気はなく国民党は所詮「一国二制度」のもとに、北京との統一を意図しているとして、国民が危険視し始めたのは香港の騒擾を目撃したからだ。それまで下降気味だった蔡英文の支持率が盛り返した。

ところが。香港で開催された「国際経済フォーラム」にブッシュ（父親）元大統領の息子ネイル・ブッシュ（ブッシュ・ジュニアの弟）が出席し、董建華（初代香港行政長官）らを前に「アメリカは中国と敵対するべきではない。民主主義の定義がそれぞれ異なるのであり、中国を悪魔的に扱うのは間違いである」と北京がとび上がって喜ぶような演説をしていた。

ブッシュ家は、父親がレーガンの後釜として親中外交を進め、天安門事件では、いたしかたなく中国を制裁したが、密かにスコウクロフト大統領補佐官を北京に派遣し、「制裁はポーズだけだ」とした。

米国大使館に匿ってきた方励之《ほうれいし》博士の米国亡命の引き換えに、1990年、日本に圧力をかけて「天皇訪中」を打診し、中国制裁解除の道を開いた。

日本は中国制裁解除へ一番乗りをはたし、西側から軽蔑されたが、後に銭其琛《せんきしん》外相（当時）が回想録で「（日本を騙して天皇を訪中させたのは）外交上、あれほどうまくいったことはなかった」と書いたほどだった。

息子のブッシュ大統領は、2001年、NY連続爆破テロに激怒して「テロ戦争」の遂行のためには中国の協力が必要として、「東トルキスタン解放戦線」を「テロリスト」と認定するなど親中路線には変わりがなかった。これにより米国が間接的にでも中国のウイグル族弾圧に合法性を与えたことにもなった。

その後、オバマ政権で対中政策の大甘はかわらず、最大の理由は米民主党に巧妙なルートを通じて中国からの大金が「政治献金」として流れ込んでいたからである。もし2016年にヒラリーが選ばれていたら、アメリカの対中外交は依然として大甘であっただろう。次にもし、親中派のバイデン元副大統領がなったら同じようになるだろう。

米中関係をずぶずぶの蜜月とし、オバマ政権初期には「G2関係」にまで高めようとした。その源流がブッシュ親子の親中姿勢にある。ブッシュ父親は初代北京大使（連絡事務所所長）を務め、ジュニアたちは自転車で各地を旅行した。ジュニア大統領の弟のネイルが、したがって中国にいまも幻想を抱くのは無理のないところかも知れない。

親中派政権が崩壊し保守が奪回したギリシア

ギリシアで7月7日に行われた総選挙の結果は、予想通り保守が圧倒的な支持を受けて勝利し政権を奪回した。親中派だったチプラス左翼政権は崩壊した。

このため中国BRIの一環「ピレウス港周辺近代化プロジェクト」は暗礁に乗り上げる。

ギリシア国会は定数300。これまで野党だった新民主主義党（ND）は単独過半の1

58議席を獲得、チプラス率いた急進左派連合は86議席と「大差」がついた。国民の不満はチプラス政権が公約を果たせず、いたずらに緊縮を叫んで国家財産を売却、そのなかにはピレウス港の運用権を30億ドルで中国に売却し、「国家安全保障の根幹である港湾を外国資本に売り飛ばすとは何ごとか」と批判が強まっていた。

チプラス前首相は2019年5月にも、中国が突如開催した「文明対話」に参加するため嬉々《きき》として北京へ飛んだ。ところがほかのどの国からもVIPは参加しておらず、赤恥をかかされ、ギリシア国民は失望した。

ピレウス港を中国が管理し始めるや、不正インボイス、人間の密輸などが問題視され、欧州議会が警告した。不法入国、密輸、出鱈目《でたらめ》なチェック、いかにも中国人がやりそうなことだが、中国の不法移民がコンテナに潜み、夜中に上陸すると、ギリシアからEU域内へはどこへでも移動の自由の対象となる。

ギリシア国民は左翼政党のポピュリズムに失望し、保守回帰を果たした。ギリシアの新政権はND率いるキリアコス・ミツォタキスで、7月8日、大統領府で宣誓式に臨み新首相に就任した。

中国の国有企業・中国海洋運輸集団（COSCO）は新たに17億ドルを投じてクルーズ船ターミナル増設工事の青写真を提示していた。

これはピレウス港一帯を一大商業地区として豪華ホテルも建設するなど薔薇《ばら》色だった。しかし中国の「借金の罠」に陥没した国々の地獄を見てきただけにミツォタキス政権の懐疑心は深まる。ギリシアは貧乏とはいえ、悠久の歴史を誇りとしている。

中国の開発計画青写真のなかで、プロジェクトが予定される地区のおよそ半分がギリシアの考古学的な遺跡という事実が判明した。ギリシア考古学会がプロジェクトへの反対声明を出すに及んで中国が進めてきた計画は暗礁に乗り上げた。

「ギリシアのイリアス神話以来の考古学的遺物、遺跡を破壊する北京のドル外交に屈服して良いのか」というナショナリズムが高まる。なにしろ歴史的な神話を誇りとするギリシアは、この点になると意固地になり、財政危機においても、ＥＵとの交渉で粘りに粘った。

チプラス政権の崩壊は地響きをもって北京に跳ね返り、ＢＲＩの次のプロジェクトはギリシアでも暗礁に乗り上げた。

しかし、中国のカネにすがる国々

「中国の代理人」に成り下がった筆頭格はカンボジアである。

欧州宇宙局がカンボジア上空の写真を公開したのは2019年の春先だった。驚くなかれ、タイとの国境＝コッコンの海岸線に沿ってすでに3800メートルの滑走路が出来上がっていた！　この長さがあれば、大型軍用機が飛来できる。

西側メディアが追跡取材の結果、この土地を含む240平方キロメートルが99年のリースで中国の「天津連合開発集団」と契約されていると報じた。いつぞやの手口。ウクライナから購入の空母はマカオに浮かべてカジノホテルにすると言っていたっけ。ニカラグア運河は香港のデベロッパーが開発すると名乗りを上げていた。いずれも契約主体は実態のないペーパーカンパニーに近いもので、カンボジアのコッコン開発の主契約社である「天津連合開発集団」をサウスチャイナ・モーニングポスト（2019年7月19日）が調べてみると、女性1人が受付にいるだけで、実態のない幽霊会社だった。

かつてカンボジア援助は日本がトップだった。

2017年に中国が逆転し、対カンボジア援助の36％が中国からとなった。カンボジアへの外国人観光客はアンコールワットのあるシェムリアップに集中しており、年間620万人。観光収入がGDPの13％である。

中国はコッコンのインフラ整備と「観光開発」を目的に、工業団地、国際空港、大学、病院、一大リゾートにゴルフコースを持ちかけ、インフラを支える発電所建設、港湾にはクルーズ船の基地など薔薇色の提言書だった。

プノンペンの西200キロの海岸に拓けたシアヌークビルは、中国の進出以前から欧米ツーリストが海水浴リゾートとして目を付け、ここに中国人がどっと入ってきて、カジノホテルを乱立させた。いまでは重慶のヤクザを中心に数万の不法滞在者がおり、一気に治安が悪化した。

中国にとっては、これほど観光客で混み合うと秘密の工事ができなくなる。だからシアヌークビルの北220キロ。まったく未開発で象の公園があるコッコンに目的地を移した。地図帳をひらくと、タイとの国境の町、目の前は海（タイランド湾）である。

中国の狙いはコッコンの軍港化であると睨《にら》んだインドは世界に警告を発し、ワシントンではペンス副大統領が注目した。

昨秋すでにペンス副大統領がフンセン首相に書簡を送り、中国の海軍基地使用を認めるのではないかと打診し、2019年1月には米国防総省がカンボジア国防相に問い合わせをしている。

コッコン開発はタイ国境に近いことからリゾート観光、ゴルフコースなどを建設し、一帯を「一帯一路」の一環プロジェクトとして、中国は38億ドルの投資を表明した。

しかし疑惑は深まり、「ウォールストリート・ジャーナル」は7月21日付けで、「密約の機密文書にフンセンが署名した」と報じた。具体的にはコッコンを30年の担保、99年のリース契約と報じた。この遣り方は、同様な契約を迫られて拒否したジョン・マグフリ・タンザニア大統領が、メディアに暴露したことで、世界的に中国が同様なオファーをしている事実も浮かんだ。

4月のシンガポール「シャングリラ対話」に参加した魏鳳和国防相は、「あり得ない。考えてもいない」と言下に否定し、フンセン首相も「あくまで商業活用です」と軍事目的を否定した。しかし、彼らが否定すればするほどに、中国の軍事戦略の一環として、表向き「シルクロードの一環だ」という綺麗ごとを取り繕いながら着々と軍事的野心の具体化に歩を進めているのである。

フンセン首相も、カンボジア国防相（ティア・バニュ）も「そんなことはあり得ない。フェイク情報だ」と頭から否定した。

なにしろ独裁政権に近いフンセン首相のことだから、嘘をつくのは日常茶飯。強く否定すればするほどに疑惑が深まるのだ。慌てたカンボジア政府は疑惑の港湾を内外記者団に公開した（7月26日）。リアム海軍基地には桟橋が1本、海が浅く、ここは沿岸警備隊の駐屯施設、本物の軍港場所は隠していると推定される。

そこで筆者は現場に飛んだ。

プノンペンで簡単にアライバルビザが取得できた。市内のチャイナタウンになぜか１軒だけ建つ東横インに宿泊した。翌朝７時にはバス停まで向かい、ボロボロの長距離バスの乗客となった。所要時間は７時間。

コッコンの街を歩く。なんとも寂しき漁村、ＯＰＰＯとサムスンの看板はあるがファーウェイ販売店がない。海鮮料理レストランも、客はまばら、随分と予想した風景とは異なるのだ。街を隅から隅まで歩き回っても発見したのは工業団地の青写真を示す看板だけ。拍子抜けである。

翌朝、念のため６時過ぎから観察を続けると軍用トラックを改装した通勤バスがおよそ１００台、主としてムスリムの若い女性を乗せてコッコン橋を渡り対岸の紡績工場に急ぐ風景があった。５００名規模の女工さんたちの通勤風景である。対岸の縫製工場はタイ資本という。そういえばコッコンから僅か８キロ北西がタイの国境である。

港を中国に売り渡すカンボジア

高度成長を続けるカンボジア経済、その輸出の90％を担うのはコッコンより南へ２２０

キロのシアヌークビル港である。

コッコンからシアヌークビルへ往くにも長距離バスしかない。こんどはバスで5時間。沿道のあちこちも高層ビル工事、不動産屋の広告は中国語表記である。カンボジアの随所にミニ・チャイナタウンが出現している。なにしろ不動産屋の店頭を飾る広告は中国語である。カンボジア人を相手にしていないのだ。

シアヌークビル市に入ると「カンボジアは中国の経済植民地か?」と錯覚するほどに漢字と中国人の氾濫《はんらん》である。

シアヌークビルのコンテナヤードは活況を示し、中国からの輸入品あるいは中継地としてのコンテナの積み替えが行われている。激しい渋滞のため市内に入るのに、別に1時間かかり、昼飯時だったのでバス駅前の湖南レストランに飛びこむと、短髪、黒の半袖シャツ、文身(入れ墨)。あ、マフィアかと短絡したが、愛想の良い中年男は上半身裸で給仕をするのだ。

「あんたたちも湖南省からか」と聞くと「そうさ毛沢東を生んだ地域だ」と英雄自慢。想像したように湖南料理は辛くて荒っぽく、家庭料理の延長である。

高層ホテルからシアヌークビル市全体を一望すると、早朝からクレーンや生コンが唸りを上げて工事が進捗中。高層ビルおよそ100棟を普請中だから壮観である。

それとは別におよそ50軒のカジノホテル、流入してきた中国人には重慶のマフィアが目立ち犯罪の温床ともなった。もともと人口が7万人だったのに急発展で狭い道が渋滞、雨で道はぬかるみ、セメントや鉄骨など建築資材が山積み、雑然としている。

安普請のためホテル建設現場が崩れ落ち、19人のカンボジア人が犠牲になったばかり。中国人を見るカンボジア人の目はきつくなった。おそらく不法入国者を含めた人口膨張でシアヌークビル市は30万都市に変貌したと推定できた。

リゾート地として有名な沖合のロン島へ往くと、海水浴、長期滞在はほとんどが西洋人、1泊か日帰りでやってくる蝗《いなご》の大群は中国人。日本人は1人も見かけなかった。

プノンペンの日本経営のホテルでさえ半分以上が中国人だった。この不動産とカジノと観光バブル、まさしく中国モデルであるがゆえに崩壊も近いだろうと思われるのだ。

ロン島の宿泊設備とかオープンカフェとか言っても、山小屋か掘っ立て小屋であり、そのかわり珈琲もビールも1ドル。ヒッピーが多くやって来て、のんびりと長期滞在を決め込む。昔懐かしいサイダー、ラムネ、かき氷。

商店主に聞くと「中国人が増えて、逆に西洋人はこの島を避けるようになった」と嘆き節である。

市内に戻って金色のライオン像のロータリーを今度は別の海岸へ歩いた。

竜の尾っぽ。竜頭蛇尾じゃなくて

埃《ほこり》だらけの道の両側は高層マンションの建築中。それも2、3棟の規模ではなく数十の高層マンションが同時に普請中だった。

セメントやら資材を運ぶ大型トラック、現場作業員はほとんどがカンボジア人。主契約のデベロッパーは中国企業。現実的に建物は建つが、販売はほとんどゼロ、つまり中国国内のゴーストタウンのように廃墟をこしらえているのだ。

10年ほど前に内蒙古省のオルドス市カンバシ新区を取材したときの衝撃が重なった。オルドス市は人口30万。そこにあてもなく30万収容のマンションを建てていたが、そのうえ南近郊に１００万都市を建設した。世界に悪名の轟いた幽霊都市の代表がオルドスのカンバシ新区、まさに同じ愚行を、カンボジアで中国が展開しており、結末の悲惨さを誰も考えていない。

海浜公園に奇妙なオブジェがあった。砂に頭を突っ込む竜である。

嗚呼《ああ》、このオブジェこそは近未来の何ごとかを象徴していないか（写真）。

国際政治で「借金の罠」論が喧しくなったのも、中国の押しつけ借金と担保狙いである。げんにスリランカのハンバントタ港が「借金の罠」に落ちて中国に99年の租借を認めざるを得なくなり、事実上、中国海軍の拠点化した。パキスタンのグアダール港は43年の租借、そして紅海の入り口＝ジブチには中国軍の基地が設営された。

このように中国の「赫々たる実績」は目の前にある。

マラッカ海峡の代替ルートとして、タイの東西をつなぐクラ地峡に運河の開拓を持ちかけ、バングラデシュのチッタゴン港は近代化工事を中国企業が展開している。モルディブの無人島、借金返済不能とみるや軍港化という悪夢のシナリオをインドも想定しており、西側は安全保障上の一大事と捉えている。

すでに南シナ海には7つの人工島、そのうち3つには滑走路も出来た。事実上、「中国の海」ではないか。

南の珊瑚礁国家にもチャイナマネーが乱舞

中国が南太平洋の国々に投下した順位（金額ベース）。

パプアニューギニア　6億3250万ドル
フィジー　3億5900万ドル
バヌアツ　2億4350万ドル
東チモール　5216万ドル
サモア　2300万ドル
トンガ　1720万ドル
（以下、ラロトンガ、ミクロネシア連邦、ニウエ等と続く）

そして外交的成果はどうなったかといえば、いまも台湾と外交関係のある国々はオセアニアでは次の5カ国でしかない。パラオ、ツバル、キリバス、マーシャル群島、ナウルだ。

こんどはバヌアツの首都ポート・ビラへ飛んだ。
バヌアツは南太平洋、メラネシアと総称される島嶼国家の1つ。周囲は海である。ポート・ビラは入江が深く奥まっていて静かな港町だ。晴れた日に高台から全景を眺めると、絵に描いたように美しい。ゴーギャンがタヒチではなく先にこの島に着いたら、きっと住み着いたのではないかと思った。

同市の人口は6万人弱なのに国際色豊かで、エキゾチックな雰囲気が町全体に漂う。デューティ・フリー・ショップが数軒もある。行き交う人々もメインストリートに限って言えば、現地人より西洋の風貌をした観光客のほうが多い。ビジネススーツの中国人もスーツケースを押してえっちらと坂を上がっている。

港には大きなクルーズ船が2、3隻。豪華ヨットが無数に舫《もや》ってある。対岸の海岸線に沿って瀟洒《しょうしゃ》なコテージが海に突き出している。そういえば漁船を見かけない。陸では自転車とバイクを見かけない。歩くか、クルマしかないのだ。

宿泊したホテルの旅行代理店で島1周の車を手配してもらった。

「目抜き通り商店街の、およそ600店舗は中国人経営ですよ」

といきなり現地ガイドに言われた。

このガイドは英語のほかにフランス語を操り、日本語もいろいろな語彙を知っている。日本人客が多かった時代があったらしい。

「でも中国人が増えたから中国語も覚えるのか?」と聞くと首を振った。

ガイドの指摘を受けて、なるほどメインストリートを歩きなおす。土産屋、旅行代理店、レストラン、海の家、マッサージ、床屋、ホテル……。どれにも漢字並記の看板。そのうちに1軒で帽子を買おうと入店したら若い中国人女性が店員である。

「あなたは中国の何処から？」

「福建省の連雲港市からの移住よ」

賑わう中華料理の店では客の9割が中国人。味も広東風で、喧しい中国語が飛び交っている。ネオン華やかな金港大飯店はバヌアツ在住の中国人の社交場でもあるようだ。このホテルには中国企業のオフィスも数社入居している。

（それにしても中国人うじゃうじゃいるなぁ）。

なにより驚いたのは不動産屋の店先に貼られた物件紹介、すべて中国語ではないか。

「おっ。バヌアツも中国の経済植民地か」とつい声をあげた。

バヌアツはシェパード諸島火山島の連合で北から南へ「Y」のような地勢。島を全部併せての面積は新潟県ていどだが、海域が広いのである。漁業もあるとはいえ、EEZは宝の持ち腐れ（?）。西が豪、北にソロモン諸島、東にフィジー、南はニューカレドニアである。

この海域に目を付けたのが、例によって中国である。巨額投資がこの国の政治を揺らす。

土地も75年リースだから中国人がばんばん購入する。市内のど真ん中の高台に中央銀行が周囲を睥睨《へいげい》し、その隣の貸しビルに陣取るJICAの事務所に行った。同行の高山正之氏の提案で現地事情を聞こうと押しかけたのだ。

「農地の売り買いも盛ん。バイヤーはほとんど中国人です。北のエスピリトゥサント島はもっと中国人が多いですよ。州都のルーガンビル港の近代化工事は中国企業がやっています」という。

中国大使館の偉容

ルーガンビル港は西側が中国の軍港化を懸念する地政学上の要衝である。
西側は、このルーガンビルが「南太平洋のジブチ」となるのではないかと懸念している。なぜなら航路の要衝であり、もし中国が軍港化したら安全保障上で厄介な事態となり、南シナ海の二の舞になる怖れが高いからだ。
大戦中、米軍が整備し、一時はこのルーガンビルに10万の米兵が駐屯した。合計55万の米兵が出入りした巨大兵站基地で、滑走路も建設され、ここからガダルカナルへ出撃したのだ。
こうした経緯からルーガンビル港には基礎的な近

代設備があり、国際貿易港として活用してきた。この港湾のさらなる近代化工事を中国が受注したことは国際的な安全保障を勘案すれば大きな軍事的脅威である。

首都ポート・ビラでも、繁華街のはずれにどんと立派な建物は中国大使館だ。

それなら日本大使館と言えばホテルに隣接する雑居ビルの一室にあった！　中国の熱意とは比べものにならない。「日本大使館開設準備室」では、フィジーの日本大使館から派遣された女性職員が説明してくれた。

「大使館の開館を準備中です。大使？　フィジー大使と兼ねております。大使館は貸しビルのワンフロアになります」と、ここで中国との差違が歴然としていることがわかった。

なんとも日本外交の遅れが目立つが、他方でバヌアツは「30万ドルの投資で市民権取得が可能」という特典制度がある。こんな情報も現地へ行かないとわからない。案の定、バヌアツのパスポート取得を狙って圧倒的に中国人の申請が多い。

なぜバヌアツのパスポートがよいのか。中国人にとって、窮屈で密告制度のある中国以外の国に住みたいだけなのか？

ちなみに「世界最強のパスポート」（ビザなしで行ける国の数で決める）のランキング（英ヘンリー&パートナー社。19年7月調査）で、1位は日本とシンガポール、2位は韓国、ドイツ、フィンランドだ。はたしてバヌアツはと言えば44位なのである。同調査で中国は74

位。ウガンダと並ぶ。
（なるほど、バヌアツは中国よりランキングは上なのだ）。
島を1周するバスに揺られた。
現地民の料理を賞味し、伝統の踊りが見られるというのでカストム村へ行く。

バヌアツの土着の踊り

途中「パンパン村」を通過したので名称のおかしさに笑ったが、島の中にも森がある。清流の小川を何本か超え、深い森を通り、やや高台に点在する村々。海岸に近い一角に原始的踊りを見せてくれる場所があった。
法螺貝《ほらがい》に太鼓、地響きとともにあらわれたのは首長を先頭に現地の若者たち。少年2人が混じる舞踊チームはどうやら観光用である。
芝居がかった奇声、ぎこちない踊り、扮装だけは藁《わら》の腰巻きにかぶり物、手に槍を持つ。足には椰子《やし》の空洞を小型にしたような打楽器のアクセサリー。身体が揺れるような感動が薄い。

おまけに踊り終えると観光客と記念撮影に応じるし、隣接する食堂では私たちの食事中、ギターと太鼓の楽団。前にちゃっかりと募金箱。なんだか映画スタジオのごとく人工的なのだった。

トンガにも中国が巨大投資、焦る豪、NZ、地元民は投資歓迎

トンガ王国を外務省は「湯加」と宛《あ》て字する。中国語読みなら「タンジャ」だ。国名のトンガは単に「南」という意味である。そういえばトンガ出身力士のしこなは「南乃島」。横綱だった武蔵丸はトンガで生まれ、ハワイへ移住した経緯がある。彼の生家を探し当てたら廃墟となっていた。相撲取りのような大柄な人々がトンガの原住民である。

トンガへ行こうにも、日本のガイドブックは南太平洋をすべてカバーしたものがない。そこで5月にニュージーランド（NZ）へ行ったときに英語のガイドブックを購った。その英語版のトンガ案内を読んでいると、「えっ」と声をあげたくなるような記述があった。「日中が援助合戦。道路、橋梁、学校に病院と日本と中国がトンガでも援助合戦を繰り広げている。中国の狙いは港湾を租借しての軍港化であり、日本は捕鯨基地だろう」と類推

逞しい記事だ。

トンガ人の出稼ぎ先トップはＮＺである。宗主国のつもりらしいが援助額は日本より少ない。先の文章はそのニュージーランドの旅行作家の印象でしかないが、こういうプリズムで日本を見ているのかと感心した。

トンガ産のコプラから和牛の配合飼料が作られる。日本とは意外に結びつきが深く、しかもトンガは王国なのでわが皇室との繋がりも深い。ＪＩＣＡの活躍めざましく、各地で農業指導やインフラ建設工事を担っている。

トンガと聞けば日本人の連想はバナナ、椰子だろう。じつはコプラがマーガリンの原料にもなり、また石鹸や蝋燭《ろうそく》にも化けるので日本へ輸出されている。

島崎藤村の名詩の一節。

「♪名も知らぬ遠き島より流れ寄る椰子の実一つ。故郷の……」の歌詞が象徴することは縄文の昔から日本に渡来したポリネシアからの人々が多かった事実だ。

フィジーのナンディ空港で5時間ちかく待機し、乗り換えて2時間ちょっと、ようやくトンガの首都ヌクアロファ空港に着陸した。成田を出たのが前夜9時半、長い長い飛行で尻が痛い。

空港からホテルまでクルマで40分ほどもかかるのは意外で、そのうえ驚いたのは信号がない。この国には信号が1カ所もないのだ。車は90%がトヨタである。

目抜き通りの両脇にサトウキビ畑、カボチャ畑、そして学校と教会と、派手な造花で飾った墓地がある。同行したジャーナリストの福島香織さんが叫ぶように言った。

「お墓と学校しかないの？」

トンガは人口わずか10万人余、国土面積も対馬ほどしかない。南北に600キロ、東西が200キロの領海内で172の島々からなり、うち無人島が127もある宏大な島嶼国家である。

中国が狙う目標の1つは、この宏大な海域における漁業権の確保だろう。

首都のヌクアロファは典型的な田舎町で建物のほとんどが平屋である。ところどころ2階建て。高層ビルはまったく見当たらない。例外は中央銀行ビルと「中国大使館」だけ。この国にも中国はどでかい大使館を開き、あたりを睥睨《へいげい》するかのように存在を誇示している。日本大使館はその奥で目立たない。

ちなみにトンガが中国と国交を結んだのは1998年（翌年に国連加盟）だった。中国大使館の横断幕は「建交20周年」と漢字で書かれていた。豪、日本、NZの援助を猛追する中国の投資は勢いも金額も凄まじい。

王宮はイギリス風の建物で赤い屋根、芝生の緑が映え、その広々としたたたずまいを見ていると心が和んだ。

この王室とて成立は18世紀あたりで、それまでは大酋長が統治していた。部族同士の戦争が絶えず、混沌としていた。

トンガは英国の保護領となり、そのため大英連邦の有力メンバーの豪とＮＺが代替し、宗主国顔している。豪に次いで援助第2位は日本。これまでに４００億円の無償援助と技術協力、とくに農業の改善に力点をおいた（援助3位のニュージーランドを中国は猛追中）。

日本は空港、フェリーターミナル、幹線道路、病院、学校を建設し寄付した。田舎の橋梁に日本国旗が刻印されており、あ、ここも日本の援助で出来たのか、と感慨に浸る。

土地と気温の特徴にもっとも適した作物がカボチャ。日本が教えたカボチャ栽培でトンガは輸出国となった。

相撲取りの体形の原住民を見ていると、なるほど『ガリバー旅行記』の巨人国のモデルとも言われたのも納得がいく。

大きな体つきなのでラグビーも盛ん。ワールドカップに7回も出場しているほどだ。ポリネシア系原住民は長身で太っ腹、足も太く色黒、踊りが大好きな女性の平均身長が１７０センチ。靴は26センチ以上。長身を活かしたスポーツが盛んである。

そして意外な側面がある。トンガは紀元前６世紀頃から移民が行き来したため混血が多い。ガイドに雇った中年男は祖父がノルウェーというではないか。由来を聞くと「クジラを追ってやってきた。クジラは冬の2カ月間、トンガの沖合で暮らし子育てしてからほかの海洋に移動するのですよ。捕鯨が廃《すた》れ、ここに祖父が住み着いて原住民と結婚し私の父が生まれ、私は英語で教育を受け、いまはしがない旅行代理店つとめ」という。

ホテル従業員も西洋の風貌の人が目立ち、そのうえトンガはキリスト教一色（カソリックからプロテスタント、近年はモルモン教徒が際立つ）。そこに南洋特有の土着の文化が溶け込んで、お墓がやけに派手になったのだ。表通りにやたらと墓地が多い。

西隣のフィジーと比較すると、インド人がほとんどいない。フィジーではインド系が人口の35%、商店街も流通もインド人が活躍し、下町のナンディタウンに行くと印度映画のＤＶＤ専門店もあってレストランもカレーがメインだからトンガとは相当な人種的文化的な差違がある。

トンガの産業は前述のコプラ、椰子油、バナナならびに魚介類の輸出だけ。ほかに外貨収入はツアー客とＮＺへ出稼ぎに出たトンガ人からの仕送りである。木彫りの仮面などの民芸品は現地の人たちは見向きもしない。

ナイトクラブもカラオケもトンガにはない。

歓楽街がないどころか繁華街がトンガにはないのだ。

もし諸外国の援助がなければ、インフラの整備も学校舎も病院も建つことはなかったと思われるほど、産業が立ちゆかないのは天然資源に恵まれないからだ。石油・ガスとは無縁であり、鉱物資源もない。出稼ぎ組からの送金で辛うじてトンガの経済が成立している。

日本は善意で援助を続行しているが、ここへ割り込んできた中国が「政治」優先の援助を急拡大している。国連で1票を持つ王国ゆえに、高層部が裨益《ひえき》するプロジェクトへの援助を中国は基軸にすえている。トンガ原住民の大半はその詳細に興味はなく、お金を運んでくれるところは歓迎となる。

パプアニューギニアもサモアも

南太平洋の島嶼国家が次々に中国の「赤い魔手」、「紅色のカネ」に取り憑《つ》かれ、スリランカの二の舞。「借金の罠」に落ちようとしている。エスパー米国防長官は、豪にも飛んでダーウィン基地を視察した折、中国の南シナ海から南太平洋海域における中国軍の突出的プレゼンスに深い懸念を表明してこう言った。「肉食獣の経済力」。

まことに肉食獣のように遣り方が乱暴である。いや、中国と同様、いかにもパプアニューギニア風だと表現したほうが良いかも知れない。
2019年8月6日、パプアニューギニアのジェイムズ・マラペ首相は、「いっそのこと、中国が80億ドル一度に借してくれれば、わが国の借金問題は一本化できるだろう」。

この発言は豪と米国を怒らせる。

マラペ首相はその2週間前に豪を正式訪問し、キャンベラは赤絨毯《あかじゅうたん》で迎えた。豪はNZ、米国、そして日本とともにパプアニューギニアのインフラ構築に貢献してきたが、近年の活発な中国からの投資、その勢いの凄まじさに霞んでしまった。

マラペ首相は駐中国大使に「中国とFTAを締結し、今後は森林開発、漁場の拡充に投資をしてほしい」と親書を持たせた。なにしろ中国は18年にパプアニューギニアの首都ポートモレスビーで開催されたAPECの国際会議場を建設し、ポンと寄付した。習近平一行が貸し切りで泊まったスタンレーホテルの玄関には中華門を立て、市場にはファーウェイのスマホがあふれ、スーパーへ行くと中国製アパレルがあふれている。

この報道に豪政府は冷ややかに対応し、「もし中国の投資に透明性があり、国際基準を満たしており、しかも継続的に安定的に借金が返済できるスキームでなされるのなら、あらゆる国際的投資は歓迎である」。

日本は「質の高いプロジェクト」を主唱し、また米国は「インド太平洋資金」の予算を劇的に増やして、南太平洋諸国への投資にも意欲を燃やしている（拙著『地図にない国を行く』、海竜社を参照）。

サモアは人口僅か20万人、しかも古くからチャイナタウンがあって、人口の６分の１は中国人との混血の末裔《まつえい》である。第２次大戦中は、この島も米豪ＮＺ連合軍の兵站拠点となり、サバイー島のマオタ、マサラ両地区には空港が作られた。ジャングルの浸食を防ぐため、両空港跡地は最低限度の手入れがなされている。

この７月にサモアで南太平洋諸国のスポーツの祭典「パシフィック・ゲーム」が開催された。ところが、このゲームのスタジアムを建設し寄付したのが中国だった。過去数年、「何の目的か知らないけれど、港湾、道路、橋梁など現場の看板が中国語になった」。現在、サモアの対外債務は４１０億円。このうちの40％が中国からの借入金である。

首都アピアの港湾整備は日本の援助で粛々と進められた。コンテナターミナルが整備され、近くには第２の港湾建設が進んでいる。後者に深い関心を寄せているのが中国である。日本は豪、ＮＺに続いてサモア援助では第３位。これまでの無償援助累積は３３０億円。技術協力に１４５億円。とくに小学校の建設に力点を注いできた。アピアはウポル島にあり真南はＮＺ、西隣がフィジー。そして南方に拡がる諸島が「アメリカ領サモア」である。それゆえ1997年まで「西サモア」と呼んでいた。

中国が大々的な近代化工事を請け負っており、西側の「軍港化」の懸念をよそに、トゥイラエパ首相は「軍事方面の話などしたことがない」とメディアの取材に答えている。

豪州の説得を無視する東チモール

中国は国際法的にも歴史的にもまるで根拠のない「9段線」を突如主張し始め、南シナ海を手中にし、つぎに「第2列島線」に照準を合わせて、フィリピンのスカボロー礁からパラオを視野に入れて、さらに南太平洋の島々の海洋戦力上の拠点に進出を決める。

ポルトガルが放棄した東チモールは、あまりにも遠く列強はしばし関心を抱かなかった。1975年に独立、インドネシアはつむじを曲げた。インドネシアは西チモールに多くの避難民を受け入れ、以後、米国製ジェット戦闘機をやめてロシア製ミグに主力戦闘機を交替させるなど、反米国、反豪姿勢は強烈だった。置いてきぼりだった東チモール。人口113万人。昨秋に筆者も行ってみると、案の定、この国は中国の経済植民地になりかけていた。

東チモールの南海域に原油とガスの海底油田が発見され、俄かに西側の関心が集まり、豪はバユ・ウンダン・ガス油田とダーウィンをつなぐパイプラインを建設した。中国は同海域東側にあるグレートサンライズ海底ガス油田開発に照準を合わせた。東チモールの南海岸沿線に3カ所の拠点構築の青写真を提言し、そのプロジェクト総予算は160億ドル。まさに「釣り餌」であり、豪は、「借金の罠」と説得しているが、東チモール政府は聞く耳がない。

げんに首都ディリの西10キロに位置するビアソ港の港湾開発工事は4億9000万ドルで中国企業が請け負い、工事は開始されている。

南太平洋諸国にも、日本はようやく目を向け始めた。周回遅れも甚だしい。

従来まで日本の主たる関心は旧信託統治領という親密さから民間交流とJICAの貢献にあった。各地の奥へ農業指導、民芸品の奨励と流通網拡充などのノウハウを教育し、とくに学校の設立にJICAは地道な活躍をしてきた。

一方、戦争中、各地で散った英霊たちの遺骨収容、慰霊施設の建設などを地元の政府の承認の下に行ってきた。その影に隠れたが、若者たちのダイビング、サーフィンなどスポーツ目的の旅行目的地にもなった。長らく日本外交の戦略的な外交対象ではなかった。

こうして中国の進出は裏面で軍事的台頭を意味し、いずれ戦雲を呼びかねず、日本は米国の要請もあって南太平洋諸国への関与に前向きになった。

２０１９年5月、安倍首相は太平洋島嶼国家の元首クラスを首相官邸に招いて「太平洋島嶼国協力推進会議」を開催し、園浦（健太郎）首相補佐官を派遣して5カ国を巡回させ、引き続き河野外務大臣は8月にフィジー、パラオ、マーシャル諸島、ミクロネシア連邦を歴訪した。じつに日本の外相訪問は32年ぶりの「椿事」となった。

7月に豪のモリソン首相が急遽《きゅうきょ》ソロモン諸島を訪問したことは大きく伝えられたが、8月にはツバルを、米国トランプ大統領は5月にミクロネシア大統領らをホワイトハウスに招き、続いてポンペオ国務長官にパラオ、ミクロネシアを歴訪させた。米国は豪政権との協力、分担でかなりの力点を南太平洋に注ぎだした。

南太平洋の島々でも、中国vs.西側の壮烈なバトルが展開されている。

第7章

中国の自滅で日本は覚醒するのか

「水に落ちた犬を打て」

習近平は党内でも孤立している。

彼の無能が自らの選択肢を狭めてしまったのだ。

この実情を日本のメディアが報じることはない。したがってほとんどの読者は中国経済が現在陥没している惨状をおおまかには知っていても、具体的で正確な破滅のリアルを掴めないのである。

最近もこんな事件が起きた。豪のカジノホテル「クラウンリゾート」をめぐる黒い噂に習近平の従兄弟が関与していたのだ。

2017年にもスキャンダルが中国で起きた。豪メルボルンにあるカジノ「クラウンリゾート」の従業員19名が中国で逮捕された。密輸、不正行為、マネーロンダリング? 彼らは中国における顧客に違法なセールスをしていた容疑で、マカオ以外にカジノが認められていない中国ではカジノのセールスそのものが違法行為だからだ。

2019年7月31日、豪政府ポーター司法長官は、クラウンリゾートの顧客である中国人のためにビザ審査に優遇措置(不法行為)があったのではないか、調査中であると会見した。とかく評判が悪い企業で、ラスベガスの大手ウインが一時買収しかけたが、途中で取りやめたこともある。ウインは日本にも進出している。

常連客の１人が習近平の従兄弟（60歳代）。彼は中国人顧客を斡旋《あっせん》し、中国から送り込む仲介業者と親しく、２０１６年にもゴールドコースト（豪のハワイといわれる）で、この仲介業者（中国系オーストラリア人）のプライベートジェット機を捜索したところ、習近平の従兄弟が同乗していたため話題となった。また習近平の実弟＝習遠平《しゅうえんぺい》は豪の永住権を持ち、一番高価と言われる豪華別荘を保有していることでも知られる。

カジノに焦点が当たるのは、マネーロンダリングである。カジノのチップは、同じチェーンならば外国でも使える。それを現地で外貨に交換できるという意味は外貨の不法な持ち出しにあたり、外貨不足に陥った中国がもっとも警戒している対象である。ま、いずれ外貨払底となれば、中国人の海外旅行は大幅に規制され、昨今のような爆買客はいなくなるだろうが……。

身内のスキャンダルもさりながら習近平の不人気は反腐敗キャンペーンを掲げての政敵摘発と失脚を、公平に行わず、むしろ派閥的に狙いをつけて不均衡に行い、とりわけ軍人の恨みを買ったことによる。

すなわち恩人の江沢民一派をコーナーへ追い込み、江沢民にぶら下がって利権を膨らませた徐才厚《じょさいこう》（病死）、郭伯雄《かくはくゆう》、周永康《しゅうえいこう》らを刑務所にぶち込み、李鵬《りほう》（19年8月に死去）ら守旧派の影響力をうばって沈没させ、最大の政敵だった薄熙来《はくきらい》を失脚させた。権力基盤を固めるや、それまで連立してきた共青団を敵に回して、胡錦濤《こきんとう》の番頭＝令計画《れいけいかく》やライジングスターだった孫政才《そんせいさい》らを失脚させ、胡春華《こしゅんか》を閑職に封じ込めた。

まさに露骨で陰惨で、かつ無謀な党内闘争を展開した。エリート集団でもある共青団（団派）は、習政権への協力を渋った。経済政策は失敗、頓挫《とんざ》を繰り返したが、その責任は習近平にあり、団派はむしろ積極的に非協力となって、習を孤立させることに成功したと解釈できる。

それなのに判断力が鈍く、そもそも知識人に強いコンプレックスを抱く習近平は政権を家族、眷属《けんぞく》、取り巻き、自派、子飼いで固めた。ゆえに習近平派には、これという人材がいない。

あれほど反腐敗キャンペーンで豪腕を発揮した王岐山《おうきざん》は政治局常務委員を離れてからは、習近平主席と距離を置き、大事な対米交渉の舞台に上がろうとしない。王岐山はさすがにトクヴィルを読み込んでアメリカ人という国民の習性を知っているだけに米中貿易交渉の最前線に立っても失敗が目に見えているからである。ただし儀礼的名前を保持したい様子で天皇即位式には中国代表として参列するそうな。

相対的にパワーの落ち込んでいる実相を知覚しているからこそ習近平は昨秋に開催するはずだった四中全会を回避し、19年3月にいきなり全人代を開催して、内外にそのパワーを誇示しようとした。逆読みすれば中央委員会総会を開けなかったのだ。

北戴河会議では、長老たちが習近平を批判し、かなり苦戦した。もし中央委員会を召集すれば、習近平は冷ややかに批判されるだろう。強烈に経済政策の誤断と対米貿易戦争の失敗をやり玉に挙げられて、徹底的に糾弾される。鋭いつるし上げが予想された。場合によっては解任劇となった。

習近平体制が崩壊するシナリオとして軍のクーデター、宮廷内クーデター、突然の解任劇、そして不動産暴落にともなう庶民の抗議デモが暴動化し、この列に不満の爆発をたぎらせる退役軍人、付和雷同組などが加わるとかつての黄頭巾、紅頭巾、白蓮教の乱、太平天国へと結びつく大規模な騒乱から大乱が引き起こされるだろう。げんに２０１９年６月から引き続く香港の大抗議活動はあたかも太平天国の乱のごとしではないか。

暗殺と叛乱を恐れるがゆえに習はＡＩを駆使して国民を監視し、その消費動向までもビッグデータに蓄えて、国民が立ち向かえないようなデジタル・レーニン主義国家を作りあげた。さぁ、これで全体主義体制は一安心というわけだ。ところが最大のシナリオは、出来上がったＡＩデジタル監視体制の内側からの崩壊である。

ハッカー部隊は軍人であり、ＡＩシステム上の叛乱を起こし、通信網を寸断すれば、中国共産党の支配体制に巨大な亀裂を生じさせる。大混乱の挙げ句に習近平統治が壊れるのではないか。


追い詰められると藁《わら》にも縋《すが》ろうとするため習近平は気持ちの悪い笑顔を作る。

大阪のＧ20開催に便乗して行われた日中首脳会談の席で、習近平を中心にならんだ中国側の顔を眺めて、薄気味悪さを感じたのが大方ではなかったのか。楊潔篪《ようけつち》国務委員、王毅《おうき》外交部長ほかの面々、誰も心からの愉しい表情を浮かべていなかった。そして李克強《りこくきょう》首相も汪洋《おうよう》副主席も随行団には入っていなかった。団派を外交の檜舞台には出なさいという習近平の狭量さをいみじくも物語った。

安倍首相は「日中関係は完全に正常化された。来年の桜の咲く頃に国賓としてお迎えしたい」などと本気なのか、随分と下手に出た。「水に落ちた犬を打て」というのが中国人の掟《おきて》だから、習近平側から見れば日本は何か罠を仕掛けたのかと勘ぐるだろう。

それでも安倍首相はかなり言いたいことを伝えている。

（1）沖縄尖閣諸島周辺での中国公船の活動に自制を要請
（2）南シナ海の非軍事化の重要性
（3）香港問題では自由で開かれた香港の繁栄が重要との認識を伝達
（4）ウイグル自治区における人権問題を念頭に、人権の尊重、法治など普遍的価値の認識を伝えた。

さらに貿易問題では、
（5）中国の補助金制度の是正
（6）知的財産権の保護強化
などを要求しており、欧米の要求と歩調を合わせている。ファーウェイ排除、半導体製造装置の禁輸などには触れなかった。

習近平はG20直前に政治局会議を開催、執行部の姿勢を確認した

中国の対米戦略は第1に政権の分裂に置かれている。

6月28日、つまり米中首脳会談直前になって、人民日報系の「環球時報」は書いた。

「ポンペオ米国務長官は『クレージー』だ。彼が世界を混沌とさせた元凶である。ポンペ

オが世界平和を脅かす存在であり、国務長官ふぜいで世界政治を混乱させている。かれがタカ派のなかのタカ派だ」云々。このコメントはすぐさまCCTVに跳ね返った。

ほかにも中国のメディアは総合して、「トランプ政権内の一部の対中タカ派がトランプ政権の貿易政策を誤らせているのだ」とし、対中強硬派としてほかに、ライトハイザーUSTR代表、ナバロ通商製造業政策局長、ジョン・ボルトン大統領補佐官、ポッティンガー大統領国家安全保障局アジア担当主任らを具体的に名指しした。

見てとれるのはトランプ政権内部の対立を煽り、あわよくば意見の分裂を招いて対中貿易交渉の勢いを削ごうとしていることである。この企図が見え透いているのは、米中貿易戦争が激化する直後から習近平は社会科学院や各大学の専門家、シンクタンクに対して「アメリカ研究を行い報告を出すように」と指示し予算もつけていた経過がある。げんに社会科学院が出した報告書143本のうち、米国研究が24本、貿易をテーマとした報告書が12本と異例の夥しさをしめしている（「サウスチャイナ・モーニング・ポスト」2019年6月29日）。

そのうえで、6月24日に習近平は緊急の政治局会議を招集し、対米通商交渉に臨むための意見のとりまとめをしていた。

また同時に各種の報道からほのみえるのはトランプ政権内でクシュナー、イバンカ夫妻を、タカ派から切り離そうと画策していたことである。

表舞台の政治動静と比例するかのように外国企業の中国撤退の動きが加速化している。反日暴動の折、四川省成都の大型スーパー「イトーヨーカドー」が襲撃された。それでも日本はスーパーマーケット、コンビニの中国進出をやめず、全土に展開してきた。巨大な消費市場を当て込んでのことだった。

１９９５年に中国に進出し、全土に２１０店舗をチェーン化してきたフランスの「カルフール」（中国名「家樂福」、本社フランス）は中国最大小売りチェーンの「蘇寧電器」（ＳＵＮＩＮＧ）に株式の80％を48億ドルで売却する。カルフールの中国における販売高は２０１８年に２８５億元（邦貨換算４８００億円）に達していた。

カルフールの筆頭株主となる「蘇寧電器」は、その20％株主がアリババである。アリババの筆頭株主が孫正義。そしてアリババは香港の英字紙「サウスチャイナ・モーニング・ポスト」のオーナーでもある。

蘇寧電器チェーンと言えば、中国で知らない者はないほどに有名な存在、ほとんどの店舗の前面に並ぶのはファーウェイ、ＯＰＰＯ、小米（シャオミ）などの携帯電話だ。

中国全土に８８８１店舗という巨大スーパーは家電の安売りから営業を開始した。それから日本のビックカメラのように扱う品目を増やし、販売を電子化したため、急速に売り上げを伸ばしてきた。さらに蘇寧電器は、経営危機に陥って財産処分を急ぐ万達集団（WANDA）から百貨店チェーン37店舗を買収した。産業分野を超えての企業合併、再編が進むなかで、フランス系スーパーの事実上の撤退、次はドイツの「METORO AG」ではないかと言われる。

本当は中国人は日本が好き

『魏志倭人伝』は日本を「倭」、「邪馬台国」「卑弥呼」などと侮蔑《ぶべつ》的な言葉で表現した。倭はこびと、邪馬台国とは「邪《よこしま》な」くに、卑弥呼は「卑しい」の意味だから、上から目線であり、傲慢《ごうまん》すぎる。

しかしいまも中国の周辺国に対しての表現力の貧弱さはかわらず、チベットは西の倉庫（西蔵）、ウイグルを「新疆」（あたらしいど田舎）、モンゴルを蒙古（蒙昧《もうまい》で古い）と呼んでいる。日本に対しては悔しくて仕方がないから「反日」「愛国無罪」となる。だが実態は異なる。

遣唐使、遣隋使を見ればわかるように日本から中国へ留学に行った高僧も官僚も学生も、みな日本へ帰ってきた。望郷の念、おさえ難く、帰国船が難破して越南に流された阿《あ》倍仲麻呂《べのなかまろ》は失望して長安へ戻ったが、望郷の詩を遺した。

他方、「遣日使」として日本にやってきた大量の中国人（遣唐使、遣隋使より多い）のほとんどが帰国せず、日本に残留し、やがて帰化した。鑑真《がんじん》は一生かけて5回渡航を試みて失敗、失明に到っても「6度目の正直」でついに日本にやって来た。

徐福《じょふく》は秦《しん》の始皇帝の命を受けて不老不死の仙薬をもとめて日本へやってきた。徐福が上陸したという伝説は全国に残り、なかでも有力視されているのは和歌山県新宮市である。そんな古き昔から中国は日本を「三神山」と呼んで憧れを抱き続けた。

正史のほうの『三国志』は、高句麗は「人々の性格はせっかちで荒っぽく、略奪を好む」「男女の風俗は淫らである」とバカにしているが、一方、日本人に関しては「倭人の風俗には節度がある」「家屋にはまじきり（部屋）がある」「倭人の葬式には、棺はあるが、槨はない。土をもりあげて墓を造る」「父子、男女の差別はない」。

つまり「儒教の伝統においては、葬式をきちんと行うかどうかは、民族の文明度をはかる重要な物差し」であって、「明らかに日本を称賛していることになる」（石平著『なぜ中国は日本に憧れ続けているのか』、SB新書）。

「日本女性はつつましやかで、焼き餅を焼かない。追いはぎやこそ泥がなく、争いごとも少ない」と三国志には書かれている。

こうなると中国から見て日本は理想郷ではないか。

そして『隋書』ともなると、日本の「人々の性質は素朴であり正直であり、雅びやかでさえある」となって、石平氏によれば「中華文明で相手のことを『雅風あり』と評価するのは、まさに最高の讃辞」だという。

明治維新に感銘を受けて日本に留学した魯迅《ろじん》は、文学に目覚めて近代文学の画期性を学び、つぎつぎと作品を発表した。

清朝打倒、革命を唱えた秋瑾《しゅうきん》となると和服に日本刀、清王朝の迷妄に立ち向かった女性革命家として活躍したが日本留学組だった。

やがて改革開放後、中国人がびっくり驚き、そして憧れ、人生の模範としたのが「おしん」だった。現代中国において表面的には反日教育、ところがかなりの中国の若者には「精日」（精神的には日本人）が夥しくなった。

年間600万人近くが来日する中国人の若者の行動を見ていると、そのことはよく理解できる。彼らは日本でのびのびと闊達《かったつ》に、中国では味わえなかった自由を享受し、日本料理に舌鼓を打ちながら、日本文化のいごこちの良さに震えているではないか。

初心な日本

板門店でトランプはみたび北朝鮮の独裁者と握手を交わした。米朝首脳会談は突如決まったかのように演出された。

大阪における「日中首脳会談」も「米中首脳会談」も吹き飛んでしまった。ましてや「日米首脳会談」は定例会見のごとくで、新しいことはなかった。せっかく日本に来たのにプーチンもメルケルもモディも印象が薄かった。

突如、全世界のメディアが板門店に焦点を移したからだ。

韓国の米軍基地へ向かったエアフォースワンを追って、世界のメディアが板門店に飛んだ。急ごしらえの取材班ゆえにチームワークも取れない。だが、板門店に至る間にも、ほとんどの人々は半信半疑であった。

南北朝鮮を分かつ38度線の境界線の中央で、トランプと金正恩は握手を交わし、トランプが北朝鮮側へ足を一歩踏み込めば、金正恩も韓国側へ足を入れた。そのうえ北朝鮮側の建物ではなく、韓国側の「自由の家」で、当初「2分の予定」だった米朝首脳会談は53分に及んだ。「仲介役」を自認した文在寅韓国大統領は同席を許されず、最初から最後までピエロだった。

「2分でも良いから」とのレトリックは、先にワシントンを訪問した文在寅が、米韓首脳会談をたった2分で打ち切られたことに重ねているのである。そのうえ戦後初めて米国大統領が北朝鮮に足を踏み入れたのだから、次は金正恩が渡米するのが答礼儀式となる。だからこそトランプは「制裁解除はしないが」、金をワシントンへ招待すると言ったのである。

トランプ・金会談で決まったことはと言えば、打ち合わせを再開するための専門チームを2、3週間以内に組織し、その責任者にはポンペオ国務長官があたること。そのうえ「非核化は急がない」と、従来の姿勢を大きく後退させたことに留意しておくべきだろう。つまり米国は「長距離ミサイル」に深い関心があるが、もはや核弾頭の廃棄の「完全な検証可能な実施」には拘っていないことを示唆している。まして日本人拉致問題への言及はなかったようである。

G20大阪の最終日に「金正恩委員長と会うかも知れない」とトランプは唐突にアドバルーンをあげたのも、メディアの関心を引きつけるためだった。

ツイッターで「2分でも良いから」としたメッセージを金正恩が受け止めた可能性があり、「会談は実現するかも知れない」と含みを持たせた。軽佻《けいちょう》浮薄、付和雷同型のジャーナリストと、とりわけ画面効果を追うだけのテレビの関心が、奈辺にあるか、トランプは重々承知のうえで劇的な効果を狙った。プロレスの応援団長や、テレビ討論番組の司会を通して、トランプはテレビの扱い方をじつによく把握しているのだ。

一番むくれるはずの韓国は、結果的に随分とバカにされたにもかかわらず、そのことに気がついている様子がない。

トランプは韓国訪問といっても驚くなかれ青瓦台に立ち寄りもせず、公式晩餐会も拒否し、文在寅とは板門店で「立ち話」をしただけだった。米朝会談の主目的を果たすや、さっさとヘリコプターで米軍基地へ飛び、そのまま帰国してしまった。文在寅は、そでにされたことには触れず「半島に平和が来る」などと騒ぎ、日本はお祭り騒ぎ、冷静な解説がどこにも見あたらない。

米国ではルビオ上院議員らがトランプの接触を批判したが、声は大きくない。

おそらくもっとも臍《ほぞ》を噛んだのは中国の習近平だろう。前月に突如、ピョンヤンを訪問して、金正恩と会ったばかりだから、北朝鮮の綱渡りには立腹したはずであり、同様に蚊《か》帳《や》の外はプーチン、メルケル、メイ、モディ、モリソンらだろうが、批判を控えた。

それにしても「思いつき」で「１日で決まるとは思わなかった」などと表面は取り繕っ

たトランプだが、じつは春頃から親書の往復がワシントンと平壌の間に交わされていた。そのうえでG20に来日が決まったときも、トランプは韓国には立ち寄る予定がないと言っていた。韓国訪問を土壇場で追加した。そのときに、おそらく米朝会談の段取りは設定されていたのだ。

自主防衛とは自主憲法のもとで成立する

「日米安保条約は不平等、破棄すべきだ」とトランプ大統領は一貫して発言してきた。以前に話題となったのは、「われわれ（米国）が押しつけた、あの憲法を日本はまだ守っているのか」と押しつけた憲法草案を起草したアメリカ人責任者その人が、日本人ジャーナリストのインタビューに答え驚いたことがあった。さもありなん、押しつけた側は、あれは一時的占領基本原則のつもりだったのだから。

昨今の政界は改憲議論がやや遠のき、小手先の「加憲論」とか、国民投票の方法など枝葉の議論に時間を空費してきた。歴史原則にたち還ると、占領側が被占領国の基本法を強要すること自体が重大な国際法違反である。

したがって「日本国憲法」なるシロモノは早急に破棄するだけでよい。法律的には明治憲法に復元改正となるが、枢密院もない現在の状況では無理が多い。とりあえず「五箇条の御誓文」に戻し、もろもろの付随法を自動的に変えればよい。もっと正論を言えば、英国のように日本には成文法は不要である。慣習ならび伝統で解釈し、あとは法律を整備していけば済むことではないのか。

むろん、法律家、裁判所、そして内閣法制局なる「法匪」が跋扈《ばっこ》する現況にあって右のような正論が迅速に受け入れられることはないだろうが、歴史的原則だけは忘れるべきではない。

こう考えてくると2019年6月25日に「ブルームバーグ」が報じたように、トランプ政権内部の議論で日米安保条約に及び、大統領が「戦闘になってアメリカだけが日本防衛の義務を負い、日本はアメリカを助けなくても良いというのは不公平ではないか。日米安保条約は破棄するべきである」としたことも、じつは「正論」である。

6月24日にトランプ大統領が発信したツイッターでも「ホルムズ海峡でタンカーを守るのは日本がやるべきことだ」と書いた。NATO諸国に対して「防衛分担が不公平だ。GDPの2%にしてほしい」と不満を漏らし続けてきた。

過去30年、米国は政権が共和党であろうと民主党であろうと、日本に対して防衛負担増大を要求してきた。安保ただ乗りと叩かれ続けても、日本は「憲法」を盾にして、防衛負担増を拒み続けてきたことは周知の通りである。だからこうした対日認識はアメリカ人政治家に共通している。選挙予備選でトランプは「日本が核武装しても構わない」とも主張してきたことを思い出したい。

いつしか、こういう場面が来るだろうと予測してきた筆者にとって、驚きでもなく、いや歓迎すべき事態の到来と言える（拙著『日本が在日米軍を買収し第七艦隊を吸収・合併する日』、ビジネス社参照）。

1980年、日米安保条約改定20年を記念して日米セミナーが開催された。日本側は岸信介氏が、米国側からはフォード元大統領が代表格で、このとき米国側から「安保条約の再改定」の提言がなされたのだ。

新聞はほとんどこの重要問題をスルーした。筆者はホテルに泊まり込んで事務方を担当し、とくにメディア対策の広報係をやれと加瀬英明氏から頼まれて、連日、報道陣とのやりとりがあったので、日本のメディアが当時、いかに日米安保改定問題に関心が薄かったかを知っている（日米セミナーの記録は『日米安保、これからの二十年』、自由社）。

あれからでも40年の歳月が（正確には39年が）過ぎた。ようやくトランプが不平等と認識し、「日米安保条約は不平等、破棄すべきだ」と内部の会議で発言するに至った。

いよいよ日米安保条約の再改定が政治課題にのぼってくる。

なぜなら過去のトランプの「実績」を見よ。TPP、パリ協定からの離脱、NAFTAの見直しは短時日に実現し、NATOへの公平な分担要求はEUを悩ませ、INF条約廃棄、イランとの核合意を離脱したではないか。その実行力を目撃してきたのだから、いずれトランプは、公式的に日米安保条約の再改定を言い出すだろう。

トランプ大統領の対日不満は、もっとエスカレートした。6月26日に「FOXビジネス」とのインタビューに答えたトランプは日米安全保障条約に言及し、「日本が攻撃されれば、米国は第3次世界大戦を戦う。われわれは命と財産をかけて戦い、彼らを守ることになるが、われわれが攻撃されても、日本はわれわれを助ける必要はない。彼らができるのは攻撃をSONYのテレビで観戦するのだ」とした。この台詞はアジテーションだが、アメリカ国民の大半は、このていどの対日認識しか持っていない。

トランプ発言は、積もり積もった不満がふっと飛び出したわけで、日米安保条約は不平等だと不満を表明した。米国の身勝手な解釈ではあっても、アメリカ国民に誤解を与えるのだから、日本政府はきちんと過去の経緯と現状を説明するべきである。

もとより当該条約は片務的でありながら、それを対等な条約に改定しようとしてきた日本の言い分を、これまでのアメリカは余裕を持って拒んできた。しかし世界の警察官として、パワーにあふれていた時代は去った。オバマ政権時代から、すでに「米国は世界の警察官ではない」というのがワシントンの認識である。

さてこの日米安保条約の廃棄だが、条文に「どちらか一方が1年前に通告すれば、この条約は効力を失う」とあり、日本人が想定さえしなかったシナリオが現実のものになる。トランプならやりかねないだろう。いや、来たるべき〝トランプ・ショック〟の中身は、きっと、これになるだろう。

だから、日本のメディアも政府も軽視しているトランプ発言は、いずれ「太平の眠りを覚ました」ペリー来航に匹敵する、歴史を画期する事態の魁《さきがけ》だったと後世の歴史家は叙述するかも知れない。

目前にあらわれた中国の危機、同時にそれは日本への一大覚醒となる潜在力を秘めているのである。

米国の警告は次第に苛立ちを伴ってきた

米国防省情報局報告は日本に警告を出している（19年8月）。「中国共産党が海外で浸透工作を展開中だが、なかでも米国、台湾、日本で顕著である」とし、「中国共産党の勝利のために外国政府の決定や社会の考え方、信念、行動に影響を与える機密の浸透工作が深く浸透している」。

とりわけ日本のエリートを対象にした政治戦争の重要な要素は、「社会の決定権を握る政治エリートに対する浸透工作であり、強い親中派は自由民主党の田中・竹下内閣だった。また中国で認知度の高い、池田大作氏率いる創価学会をベースとした公明党。また、自民党内の融和派で平和主義派閥。小沢一郎氏が率いる野党連合」と正確にマークしている。

沖縄における中国共産党の世論形成も進捗している。

尖閣諸島をめぐる日中の緊張が高まった時期、中国共産党は沖縄に対する日本の主権を否定したり疑問視したりするメディア宣伝を強調し始め、中国と沖縄の間の経済関係が強くなっている。中国の投資家は天然資源が豊富で米軍施設の多い沖縄北部に集中している。

統一戦線の組織化は「友好」「文化交流」を名目として、日本にも7つの拠点を置くと国防省報告は指摘している。日中友好協会、日本国際貿易促進協会、日中文化交流協会、日中経済協会、日中友好議員連盟、日中協会、日中友好会館。また教育組織としては、統一戦線の前衛である「孔子学院」が日本の15の大学に存在している（2019年8月現在）。西側諸国では、その運営の不透明さや政治偏向性に懸念の声が高まり、いくつかの大学内の学院は閉鎖された。

日本では一部に批判はあるものの「孔子学院」の閉鎖に至った例はない。日本が行動を起こそうとする前にそれを妨害する中国の政治工作が深く静かに日本社会に根付いているのである。

エピローグ

日本は自律のベクトルで動け

振り向けば祖国は滅んでいた

日本の田舎へ行ってもフィリピン人のパブがあり、韓国人のスナックがあり、ブラジル人のたまり場があり、高田馬場へ行くとミャンマー人のコミュニティがある。

埼玉県竹の塚にはリトル・マニラが出来ており、西川口の団地はチャイナ・コミュニティに激変した。ベトナム、カンボジア、ラオスからの難民は神奈川県大和市に集中して住み着いた。西葛西にはリトル・インディアが形成されていた。

八潮団地にパキスタンの中古車ディーラーが集まってすでに、「ヤシオスタン」になっている。なかではパキスタンの商都カラチの方言が飛び交っている。

西池袋には北区、豊島区に住むバングラデシュ人のたまり場があり、光が丘団地にはモンゴル人のコミュニティが出来ている。こうした異国コミュニティの激増ぶりを教えてくれるのは室橋裕和『日本の異国——在日外国人の知られざる日常』（昌文社）だ。

筆者はアジア、南アジアそして南太平洋諸国をめぐって世界各国に散った華僑が作るチャイナタウンの取材をしているが、室橋氏は逆に、日本のなかに存在する「異郷」を精力的に探訪した。

銀座のホステスには客あしらいがうまい中国人女性が流暢《りゅうちょう》な日本語を操り、隣の店に行くとイタリア人やらアメリカ人ホステスもいる。上野から鶯谷界隈には中国人経営の風俗店もあるという。外国人コミュニティはすっかり日本の「日常の風景」となって、いまやわが国では珍しくもない。だいいち大相撲力士はモンゴル人が横綱、三役にはグルジア人とか、曙はハワイから、武蔵丸はトンガ人だった。いまテニス、短距離、バスケットボールに「日本国籍」の外国人、あるいは日本人との混血選手がいるが、誰も違和感を感じていないようだ。いや、彼らを声援し「日本、頑張れ！」と大声出して応援しているではないか。

こうなると、多民族国家に変貌を遂げる日が近いのではないか？　コンビニの店員と居酒屋は、ほとんどが外国人。それもある居酒屋チェーンは特定のネパール人ばかりだったり、コンビニは福建出身者が多いようだ。福建省は広く北側の福州市より福清市からの中国人が目立つ。

「全国区的」に有名なのは新大久保のコリアンタウン、周辺には韓国系ばかりか、いまでは「アジアのごった煮」状況となった。

北池袋のチャイナタウンには中国語だけで運転免許取得可能をうたう自動車学校、24時間営業の保育所。在日許可延長、国際結婚斡旋の法律事務所。

蕨市にいつの間にかクルド人が集まり、「ワラビスタン」と言われていること。茗荷谷にはインド人シーク教徒寺院があってインド人の社交場にもなっている。筆者はインドのビザの申請受領に茗荷谷のインドビザセンターに何回か行った経験があるが、茗荷谷にもインド人コミュニティが出来ていることは知らなかった。

静岡県御殿場市の変化。富士山観光に来る中国人が、買い物を愉しむアウトレットがずらりと並んでいる。３００人の中国人店員が、中国語で中国人ツアー客に対応している。彼らは逆に日本人店員に気を遣うというのだから驚いてしまった。

日本のなかにいつの間にか形成されていた異国の実情を知ると、何か異様な現実、そして将来への不安がわき起こってくる。

守ろうとしてきたわが国、振り返れば祖国は日本らしさをすっかりなくしていた。この問題をこの小冊の最後で提議したいと考える。すなわちグローバリズムvs.ナショナリズムの対決時代が始まったからである。

トランプ大統領のいう「アメリカンファースト」とは攘夷《じょうい》的ナショナリズムの別表現であり、日本に当てはめれば自主憲法、自主防衛という主権問題に行き着く。グローバリズムvs.ナショナリズムというのは自由貿易vs.保護貿易の対立ではなく、国際間ビジネスで言えば「自由貿易」というより、多国間サプライチェーンの存続が直結的な問題となる。

米国は5年以内にスマホ、パソコンすべてを自国生産に戻す

「グローバリズム」の象徴として世界にサプライチェーンを構築してきた代表格が米国アップルである。

アップルの創業者ジョブズは、スマホをすべて米国内で生産する基本方針を打ち出していた。技術を守り、権益を独占する目的が含まれていた。2代目CEOのティム・クックはインド系アメリカ人でもあり、世界的普及を狙って中国に生産拠点を移行した。中枢部品は日本にたより、世界的なサプライチェーンを構築して世界市場を比較優位に導くというグローバル戦略に切り替えた。

これは戦略的な誤りだった。予期せぬ事態、ファーウェイの迅速な台頭を許したからだ。いま世界各地、モスクワでもワルシャワでもオークランドでも、いやラオスやミャンマーの片田舎へ行っても「HUAWEI」の看板が輝いている。

トランプ政権の基本方針の転換、つまりグローバリズムの否定によって、米中貿易戦争という表面的な現象のもと、地下水脈では自国に生産をもどすという基本の考え方に切り替わった。これはアップルだけではない。インテルもグーグルもクアルコムもそうであ

る。

第1にファーウェイに蚕食された世界市場のシェア奪回に動く。

しかしすでに10万基のアンテナ基地はノキア、エリクソンなどを押しのけてファーウェイが世界に浸透しており、ロシア、中東ばかりか、同盟諸国であるNATO諸国ですら、ファーウェイの地上局を設営している。アフリカ諸国に至っては、米国勢の捲土重来《けんどちょうらい》の余地さえない。

英国が宗主国だったパプアニューギニアやフィジーですら、英国系ボーダフォンをファーウェイが猛追している。

第2に基本特許の制約を強化し、法廷闘争などを通じて、外国企業の次期テクノロジー先行を法的にも阻止することに米国の企業戦略が置かれるだろう。

しかし、その前に米国は国内勢の内紛を早急に解決しておく必要がある。

たとえばグーグルとオラクルの「アンドロイド」の言語（JAVA）をめぐる著作権の訴訟合戦。すでに10年にわたって係争が続いているが、アメリカに独創的なアンチトラスト法の壁があり、国益よりも法律解釈が優先するという弁護士、法律家エスタブリシュメントの世界が拡がる。「敵を前に戦力を集中しなければならない」というときに、いつまで身内の醜い裁判闘争を繰り返しているのか、というわけだ。

具体的にはＯＳと基本特許、派生する周辺特許の確保と中国勢に特許使用を認めない方向で次の方針が明確化してくるであろう。

第３にサプライチェーンの再構築という大問題が横たわっている。

国際的に分業体制に変貌させてきた多角的複合的グローバリズムは、根底的な見直しに直面することになる。米国vs.反米国＋チャイナという図式になる。もっと具体的に言えば、韓国サムスン、ＳＫハイニックス、台湾ＴＳＭＣ、ＵＭＣの位置づけ、今後のファンドリー企業との関係がどうなるかということである。

半導体ファンドリーで世界の49％のシェアを誇るＴＳＭＣは、アップルとファーウェイに供給しており、今後も中国への供給は続けるという姿勢を示している。

米国のソフトなどが価格の25％以内であれば制限を受けないという米国の規制を受けないと判断しているＴＳＭＣをどう扱うか。トランプ政権は苦慮している。なぜなら台湾は米国の友好国であり、しかしその台湾企業が中国に靡《なび》いているという矛盾！

世界第２位のサムスンはクアルコムへ供給し続けている。ただしサムスンは日本の輸出規制に直撃され、今後の展望に暗雲が拡がっている。

第４に情報漏洩、スパイ防止、ハイテク防衛のために西側は団結しての防御体制を敷けるのか、どうか。

中国を対象とした新ココムが形成されつつある状況だが、西側全体が米国の中国封じ込めに賛同し協力しているとは考えられない。

たとえば米国はファーウェイが北朝鮮に通信網を構築したという報道を受けて、調査を命じた。

ファーウェイが中国企業を通じて通信機器や保守サービスを北に提供していたというのだが、北朝鮮という伏魔殿のなかをどうやって調査するのだろう？　中国の調査機関が協力してくれるだろうか。最近明らかになったことでも北のハッカー部隊は2018年だけでハッカーによるネット銀行から総額20億ドルを盗んでいた事実がある。

チェコでもファーウェイが個人情報を収集していたとAFPが報じた。告発した元マネージャーによれば、個人データを別のコンピュータシステムに入力するシステムを本社から要求されていたという。


ホワイトハウスには技術評価のスペシャリストが揃い、ときにトランプ大統領自らが出席し業界大手の幹部と連続的な打ち合わせが行われている。グーグル、インテル、マイクロン・テクノロジー、ウェスタンデジタル、シスコ、ブロードコムのCEOたちがトランプ政権と具体的協議を重ねているのである。

米国はおそらく5年以内にすべてのスマホ、パソコンを米国で生産するか、あるいは一部の部品は日本など同盟国へ移管し直し、ファーウェイを徹底的に排撃することになる。研究開発センターも米国へ戻し、世界の優秀なエンジニアは米国に集中させることになる。そのうえシリコンバレーからは中国人スパイを排除する。ＩＴ大手もインテルにせよ、主力工場は米国とイスラエルに移管し、同様に他のメーカーも外国拠点を、早いうちに戻すだろう。

米国の技術覇権への熾烈《しれつ》な戦いも、中国という正面の敵を見据えて、戦略目標が明確化した。自らを守る軍もなければ、情報力もない日本の立ち位置は言及するまでもなく、対米協力以外に選択肢はない。

【著者プロフィール】

宮崎正弘（みやざき　まさひろ）

昭和21年、金沢生まれ、早稲田大学中退。日本学生新聞編集長などを経て『もうひとつの資源戦争』（講談社、1982）で論壇へ。中国ウォッチャーとして多くの著作がある。

『中華帝国の野望』『中国の悲劇』『人民元大決壊』など5冊が中国語訳された。

ほかに『吉田松陰は甦る』（並木書房）『西郷隆盛』（海竜社）『明智光秀　五百年の孤独』（徳間書店）など歴史物も多く最新作に『神武天皇以前』（育鵬社）。また『余命半年の中国・韓国経済』（ビジネス社）はロングセラーを続けている。

「火薬庫」が連鎖爆発する断末魔の中国

2019年10月15日　第1刷発行

著　者　宮崎正弘
発行者　唐津　隆
発行所　株式会社ビジネス社
〒162-0805　東京都新宿区矢来町114番地
神楽坂高橋ビル5F
電話　03-5227-1602　FAX 03-5227-1603
URL　http://www.business-sha.co.jp/

〈カバーデザイン〉中村　聡
〈本文DTP〉メディアネット
〈印刷・製本〉モリモト印刷株式会社
〈編集担当〉佐藤春生〈営業担当〉山口健志

ISBN978-4-8284-2134-6